MINISTÈRE DES FINANCES D'ESPAGNE

PROJETS
DE
BUDGET GÉNÉRAL DE L'ÉTAT

POUR L'EXERCICE 1876-77

EXPOSÉ FINANCIER

LIQUIDATION DES DETTES PUBLIQUES

BUDGET DES RECETTES & DES DÉPENSES

PRÉSENTÉS AUX CORTÈS

PAR LE

MINISTRE DES FINANCES

DON PEDRO SALAVERRIA

PARIS
IMPRIMERIE TURFIN & AD. JUVET, 9, COUR DES MIRACLES.
1876

MINISTÈRE DES FINANCES
D'ESPAGNE

DÉCRET ROYAL

D'accord avec le Conseil des Ministres.

J'autorise le Ministre des finances à présenter aux Cortès un projet de loi ayant pour but de déclarer lois du royaume toutes les résolutions prises par son département à partir du 20 septembre 1873, ayant un caractère législatif.

Madrid le 22 avril 1876.

ALFONSO.

Le Ministre des Finances,

PEDRO SALAVERRIA.

Aux Cortès.

Les Circonstances extraordinaires de la période écoulée depuis le 20 septembre 1873, date de la suspension des séances des Cortès, jusqu'à l'ouverture des Chambres du royaume, solennellement faite par S. M. le Roi, ont été cause que les différents Gouvernements qui ont eu pendant ces temps la direction des affaires, se sont vus obligés de prendre de leur propre chef des dispositions qui, dans un temps normal, relèveraient du pouvoir législatif.

Pendant cette période d'inaction et de silence législatif, de nouveaux impôts ont été créés, les anciens ont été augmentés, quelques-uns ont été modifiés, d'autres remis en vigueur, plusieurs différés, prorogés, remis ou compensés. Des titres de la Dette de l'Etat ont été émis, ainsi que des emprunts non pourvus de l'autorisation préalable des Cortès. Les besoins pressants d'une situation financière en déficit, et ceux créés par les deux guerres civiles qui désolaient simultanément la Péninsule, rendirent inévitable et justifient l'emploi des facultés législatives, en matière financière, fait par le pouvoir exécutif.

La responsabilité de la nation étant née des engagements pris en son nom par ces différents gouvernements, il convient à son crédit que ces compromis soient respectés et validés; donc le Ministre des Finances en rendant compte aux Cortès de ce qui a été fait, et en leur demandant d'approuver le projet de loi ci-après, qui leur est soumis, d'accord avec le Conseil des Ministres et avec l'autorisation de S.M., entend parler non-seulement des actes du gouvernement actuel, mais aussi de tous ceux qui ont été accomplis dans la période comprise entre la dernière session législative et la session actuelle.

Projet de loi.

Article unique. — Toutes les résolutions prises par le Ministère des Finances à partir du 20 septembre 1873, ayant un caractère législatif, sont déclarées lois du royaume.

Madrid, le 22 avril 1876

Le Ministre des Finances,

PEDRO SALAVERRIA.

Décret royal.

D'accord avec le Conseil des Ministres, j'autorise le Ministre des Finances à présenter aux Cortès le projet du budget général des dépenses et des recettes, exercice 1876-1877, et celui des réglements de la Dette du Trésor et de la Dette de l'Etat.

ALFONSO.

Le Ministre des Finances,

PEDRO SALAVERRIA.

Aux Cortès.

Le Gouvernement de S. M. en présentant aux premières Cortès assemblées sous le règne d'Alphonse XII, le budget général des dépenses et des recettes de l'exercice 1876-1877, serait désireux de pouvoir le faire dans des conditions moins difficiles que celles qui sont imposées actuellement aux finances de l'État.

Quoique le retour de la paix, mettant un terme aux ravages de la guerre dans la Péninsule et en empêchant la ruine complète de la nation, relève pour l'avenir le trésor d'obligations fort lourdes et fort pressantes, la situation économique n'en reste pas moins fort pénible et constitue le problème le plus difficile et le plus transcendental que les pouvoirs publics puissent être appelés à résoudre.

L'état des finances constituait déjà une des plus graves préoccupations des esprits à une époque antérieure à celle où la guerre, aujourd'hui terminée, est venue augmenter ses difficultés dans des proportions inattendues. Les changements fréquents et profonds dans l'ordre politique; le renouvellement des institutions et des hommes; l'esprit d'innovation qui a dominé pendant quelques années dans les régions du pouvoir, et qui portait à mettre à exécution les réformes sans attendre que l'expérience fût venue confirmer et les métodes et les systèmes; les suppressions d'impôts fort importants qui rendaient indispensables des grands et des fréquents emprunts, dans une période où le crédit national se trouvait dans la décadence et la dépression la plus grande; la perte de la tradition bureaucratique amenée par ces changements continuels de toute espèce qui n'obéissaient à aucun plan capable de constituer un ensemble financier pouvant, au bout d'un certain temps, fournir à l'État les moyens de subvenir à ses besoins et de remplir intégralement ses engagements; tout cela devait nous amener à modifier et suspendre, il ya deux ans, le paiement des intérêts de la dette publique, et à nous trouver aujourd'hui, pressés par la pénurie d'argent, fort éloignés de l'équilibre du budget, et forcés d'avoir recours à des expédients qui sont la conséquence des circonstances si critiques et si douloureuses.

L'énumération détaillée des causes immédiates qui ont amené la situation pénible dans laquelle nous nous trouvons, donnerait lieu à des polémiques et à des imputations complètement stériles quant au remède à y apporter. Le procédé le plus patriotique, celui qui convient le plus au bien général de la nation, est de dévoiler cette situation dans tous ses détails, et d'essayer ensuite, en mettant de côté toutes nuances de partis et de systèmes économiques, de réunir tout ce qui peut remettre, le plus tôt et le mieux, les finances dans les conditions d'ordre et de régularité indispensables au fonctionnement de l'administration. Le nouveau budget devant porter l'empreinte, dans ses chiffres et dans avec son ensemble, de la réalité des faits passés, le gouvernement doit, avant d'arriver au dispositif, exposer une entière franchise et avec toute l'exactitude possible, l'état actuel des finances de la nation, y compris la période qui doit s'écouler jusqu'au jour de sa mise en vigueur. Les Cortès, aussi bien que les créanciers de l'État, les contribuables, aussi bien que les fonctionnaires publics, pourront juger en pleine connaissance de cause jusqu'à quel point s'imposent tous les sacrifices que le gouvernement, demande, qu'il déplore plus que personne, mais qui sont aujourd'hui inévitables, si on ne veut pas les rendre bien plus considérables dans l'avenir.

Situation des Finances.

La situation des Finances de l'État, aussi bien que celle de la fortune des particuliers, s'apprécie par la comparaison des deux éléments : *le passif et l'actif*, c'est-à-dire le doit et l'avoir; les nations ont en plus d'autres moyens d'action, d'autres éléments qui les mettent en mesure de vaincre avec le temps les difficultés qui peuvent se présenter à une époque déterminée. L'étude peu détaillée de ces deux éléments et l'estimation peu exacte de leur efficacité, amenèrent jadis des erreurs fort graves. Pour les éviter, le Ministre des Finances en a fait une étude beaucoup trop minutieuse dans l'opinion de quelques-uns. Mais l'expérience lui a appris que, dans cet ordre d'idées, une méfiance excessive est préférable à des espérances que souvent ne deviennent jamais des réalités.

Ceci posé, le gouvernement commencera son exposé par celui de la Dette publique dans ses différentes branches, car cette Dette constitue la principale et la plus lourde des charges du Trésor, et la difficulté la plus grande de l'Administration de l'Etat.

La Dette figure au budget sous deux acceptions générales différentes, savoir :

Dette de l'État. — Dette du Trésor.

La Dette de l'Etat comprend les dettes perpétuelles ou consolidées qui n'exigent que le paiement de l'intérêt annuel; celles qui, tout en rapportant un intérêt, sont amortissables par annuités à longue date, et celles qui, sans rapporter aucun intérêt, doivent s'éteindre lentement, au moyen d'assignations annuelles. C'est la Commission de la Dette qui les administre et les Chambres exercent sur cette Commission une surveillance constante.

La Dette du Trésor, administrée par la direction du Trésor, comprend, sous la dénomination de Dette flottante, les dettes remboursables à échéances fixes en capital et intérêts, échéances qui sont en général forts courtes par rapport à celles des autres dettes amortissables, et des Dettes qui ont été exceptionnellement contractées dans des conditions spéciales de facilités pour le remboursement.

Il faut en outre compter les charges qui figurent au budget, et qui, n'ayant pas été soldées, conservent leur première forme jusqu'à l'époque du paiement qui doit avoir lieu, soit au moyen des rentrées des impôts, soit au moyen des ressources provenant du Crédit public de l'État.

On sait quand il s'agit de la Dette publique en général, que les sommes même importantes dont le remboursement n'est pas obligatoire pour l'État, ne doivent figurer au budget que pour le montant des intérêts annuels qu'elles exigent.

Le dernier budget qui a fait connaître le total général de la Dette, a été publié le 15 mai 1874; il se rapportait à l'exercice 1874-1875, et a été approuvé le 26 juin 1874. Plusieurs Dettes, fort importantes pour la plupart, qui rendaient déjà très-considérable le montant total de la Dette n'y figuraient pas, tandis que d'autres, qui n'existaient réellement pas, leur négociation n'étant pas terminée, y étaient inscrites.

En outre, en comparant les chiffres de ces budgets avec ceux du budget actuel, il faut tenir compte que depuis deux ans ont eu lieu :

Des émissions de Dettes consolidées intérieures 3 % pour reconnaissance, liquidation et conversion, d'après les lois de 1851, d'anciens crédits, affectés au paiement aux corporations civiles du montant de leurs biens désamortis, et à garantir des prêts faits au Trésor ;

Une émission de Dettes consolidées extérieures 3 % pour le paiement du 70 % des intérêts de la même dette, correspondant aux trois semestres échus depuis le 1er janvier 1873 à la fin du mois de juin 1874 ;

Une émission d'obligations de l'État 6 % pour payer aux Compagnies des chemins de fer, des subventions directes accordées par les lois, compenser la franchise des droits de douane du matériel importé par elles de l'étranger, et fournir les sommes accordées à quelques-unes, à titre de prêt remboursable ;

L'émission d'une deuxième série de bons du Trésor à amortir avec les rendements des ventes des biens nationaux;

Des émissions de bons, des traites et d'autres effets, compris sous le titre de Dette flottante, et faites dans le but de subvenir aux budgets de l'année courante et des précédentes.

Enfin il ne faut pas oublier, qu'après deux ans d'une guerre si coûteuse qu'elle a absorbé à elle seule la presque totalité des revenus et des recettes de l'État, on doit tenir compte de la masse générale des charges du budget qui seraient restées impayées, quand même un crédit leur eût été assigné dans les budgets 1874 et 1875-76 (les intérêts de la Dette, par exemple) et qu'elles doivent être ajoutées au budget actuel pour établir une comparaison rationnelle avec celui de mai 1874.

Quoique d'une importance relative insignifiante par rapport aux autres dettes, il faut maintenir aussi celles du personnel et du matériel du Trésor, qui ont aussi subi des altérations analogues par suite de nouvelles reconnaissances, liquidationss et amortissements.

Relevé général de la Dette.

Les tableaux suivants renferment le relevé général de la Dette, au 29 février de l'année courante, d'après les deux grandes classifications de dette de l'État, et dette du Trésor.

DETTE DE L'ÉTAT EN CIRCULATION, DÉFINITIVEMENT LIQUIDÉE ET CONVERTIE					
		CAPITAUX. — Piècettes.	INTÉRÊTS. — Piècettes.	AMORTISSEMENT — Piècettes.	TOTAL de la Charge annuelle. — Piècettes.
Dette reconnue aux États-Unis à 5 %	....	3.000.000	150.000	»	150.000
Consolidée extérieure 3 %	Consolidée extérieure 3 %, y compris la dette nécessaire au payement des semestres échus jusqu'au 30 juin 1874..	4.107.760.700	123.232.821	»	123.232.821
Consolidée intérieure 3 %	Consolidée intérieure, représentée par des titres au porteur et des inscriptions..	3.550.093.979	106.502.820	»	106.502.820
	Idem en inscriptions en faveur des corporations civiles..................	380.324.798	11.409.744	»	11.409.744
	Idem en faveur du clergé, en dehors de sa dotation......................	11.813.910	354.417	»	354.417
	Idem dont les intérêts y sont attribuables, n'ayant pas été compris dans le budget de la dette......................	356.746.919	»	»	»
	Idem pour rentes viagères liquidées....	120.663	3.619	»	3.619
Amortissables portant intérêt	Actions de la voirie portant intérêt 6 % plus 1 % d'amortisation...........	18.025.000	1.081.500	1.999.000	3.080.500
	Idem des travaux publics portant le même intérêt, 1 % d'amortissement........	13.459.000	807.540	520.000	1.327.540
	Obligations de l'État pour chemins de fer portant 6 % d'intérêt.............	551.825.500	33.109.530	5.875.000	38.984.530
Amortissable sans intérêt,	Dette du personnel..................	23.165.780	»	1.250.000	1.250.000
	Dette du matériel..................	171.862	62.500	62.500	125.000
		9.016.508.111	276.714.491	9.706.500	286.420.991

Il faut remarquer que l'emprunt des travaux publics, créé avec un amortissement composé, et surtout l'emprunt de la voirie, avaient à leur crédit, au moment de la suppression des paiements d'intérêts décrétés le 26 juin 1874, et grâce à des accumulations successives du fond d'amortissement, des sommes en rapport avec les annuités écoulées depuis l'émission de ces valeurs, et que quelques-unes de ces émissions se trouvaient fort près de leur amortissement total.

Dans les tableaux précédents ne sont pas compris, parce qu'ils ne constituent pas encore une dette réelle, les titres de la Dette consolidée intérieure émis en 1874 et en 1875, en garantie d'emprunts faits par le Trésor, s'élevant à un total nominal de 2,901,449, 500 piècettes dont 2,376, 384, 250 sont consignés dans les caisses des Banques d'Espagne et de France, et dont 525, 065, 550 piècettes existent actuellement dans les caisses publiques.

Ne sont pas, non plus, compris des titres d'anciennes dettes liquidées convertissables en consolidés 3 % d'après la loi de 1851, et s'élevant à 220,143,038 piècettes, car cette somme doit être considérablement diminuée non-seulement parce qu'une grande partie des documents dont il s'agit auront été détruits ou égarés avec le temps, mais aussi parce que beaucoup d'entre eux deviendraient, si on leur appliquait les réglements existants ou ceux qui pourraient être promulgués à l'avenir.

Malheureusement les chiffres que contient le tableau précédent ne représentent pas complètement le total des dettes désignées sous la dénomination de Dettes de l'État, et administrées par la Commission de la Dette; il faut en outre tenir compte, pour bien saisir le montant véritable tant de son capital que des intérêts échus et à échoir, de ce que :

1° Les dettes anciennes, non encore reconnues ni liquidées, et qui sont comprises dans la loi de 1851, devront être payées, d'après les lois en vigueur, en dette consolidée intérieure 3 °/₀.

Leur total est de 133 millions de piècettes, qui diminueront considérablement aussitôt que le règlement des péremptions, décrétées ou à décréter, leur sera appliqué.

2° Les reliquats non encore liquidés et de peu d'importance de la dette du personnel, et ceux de la dette du matériel, doivent s'ajouter à la dette amortissable.

3° Des sommes, très-importantes, dues aux corporations civiles et provenant des produits des ventes de leurs biens, dont les montants encaissés ou à encaisser à la date des échéances, n'ont pas encore été convertis en dette consolidée au taux des dates d'encaissement.

Le total effectif se monte à 184,292,504 piècettes dont le détail suit :

	PIÉCETTES.
Montant de liquidations approuvées et non encore converties en inscriptions	56.944.204
Liquidations établies non encore examinées ni approuvées	40.348.300
Crédits non encore liquidés, échéances déjà encaissées (estimation)	50.000.000
Pagarès non encore encaissés, ni échus à liquider après encaissement	37.000.000
	184.292.504

4° Des subventions directes, du montant des franchises de Douane et des prêts remboursables, non encore effectués ou liquidés, qui ont été accordés aux Compagnies de Chemins de fer.

Les deux premières subventions sont remboursables en obligations au cours du jour portant la date de la réception des travaux ; les prêts, à raison de 50 °/₀. Ces sommes sont aussi assez importantes quoique leur concession ait été limitée aux lignes en construction. Elles s'élèvent :

	Piècettes.
A titre de subvention directe	42.834.264
A titre de franchise de douane	24.035.169
A titre de prêts remboursables	38.288.135
Total	105.157.568

5° Les intérêts de la dette consolidée et amortisable intérieure et extérieure, échus en décembre 1874, juin et décembre 1875, dont le montant, déduction faite des coupons ayant servi à des opérations du Trésor, est de 395,071,736 piècettes.

Comme la connaissance exacte de la somme réelle effective de quelques-unes des dettes susnommées manquent, ainsi que celle des changes qui doivent servir de types à la conversion de celles qui sont immédiatement convertissables en dettes consolidées et en obligations de chemins de fer, aussi bien que le change qui devrait être adopté si on avait à convertir également en dette consolidée les intérêts en retard, il est fort difficile de préciser la quantité que, sous ces différents rapports, il y a à ajouter à la somme totale liquidée définitivement et convertie en dette de l'État actuellement en circulation et dont le total définitif dépend de la solution de plusieurs questions.

Dette du Trésor.

Le 29 février courant, cette Dette comprenait les services suivants :

La Dette dite *flottante*, capital et intérêts d'escompte jusqu'à l'échéance compris, garantie dans sa presque totalité par des titres 3 °/₀ et des Bons du Trésor :

	PIÉCETTES.
Pagarés, délégations et traites provenant d'opérations, avec la Banque d'Espagne	170.279.618
Id. en faveur d'autres établissements de crédit, ainsi que des Pagarés, etc., tirés sur la Caisse centrale du Trésor	137.074.007
Traites de la Commission des Finances à Paris et à Londres	193.476.369
	500.829.994

Pagarès en faveur de la ferme du Timbre provenant de l'avance de 25 millions de piècettes, d'après son contrat de fermage, remboursable par annuités avec les produits de la rente, au type de 5 millions annuels. Capital et intérêts........ 19.833.333

Prêt de MM. Fould, remboursable à raison de 2 millions (2,575,000 fr. par an), capital et intérêts inclus 29.612.500

Prêt de MM. Rotschild sur les produits des mines de Almaden, remboursable avec les produits, par annuité de 3,750,000 piécettes, chacune, capital et intérêts inclus........ 90.000.000

Crédits de la Caisse des Dépôts pour ses anciennes avances au Trésor, provenant de :

	CAPITAUX.	INTÉRÊTS ÉCHUS.	
Dépôts volontaires à 6 °/₀ d'intérêt et 6 °/₀ d'amortissement annuel...	47.267.000	800.000	
Dépôts à 4 °/₀ appartenant à des municipalités pour le tiers des produits de vente de leurs biens........	50.000.000	10.000.000	
	97.267.000	10.800.000	108.067.000

Crédit de la Caisse du Remplacement militaire........ 28.163.157

Emprunt national forcé décrété en 1873, portant, à partir du 1er juillet 1875, un intérêt de 6 °/₀, remboursable en 10 annuités, admissibles en compte des contributions directes........ 136.500.000

Crédits des ayant-parts dans les revenus et contributions........ 5.625.000

Bons du Trésor en circulation, portant intérêt de 6 °/₀ à amortir avec le produit des ventes de biens désamortis ou, à défaut de cela, à raison de 5 °/₀ du capital par an :

	CAPITAUX.	INTÉRÊTS ÉCHUS.	
Première série........	134.934.500	12.140.000	
Deuxième série........	35.122.500	2.130.000	
	170.057.000	14.270.000	184.327.000

(Ne sont pas compris ceux qui sont Propriété du Trésor, s'élevant à 353.878.000 piécettes, dont 349.972.500 sont consignés et 3.905.500 en caisse).

PIÉCETTES.

Abonarés (Chèques) de monnaie de billon catalane........ 3.261.462

Bons de trésorerie d'emprunts pour charges déjà inscrites aux différents chapitres des services du budget et transformées en crédits........ 19.935.786

Amortissement des Coupons et autres crédits en retard jusqu'à fin juin 1874, au moyen d'adjudications suivant le décret du 26 juin 1874.

Admis aux adjudications........	17.958.151	67.662.426
Réservés pour les adjudications suivantes........	49.704.275	

Charges comprises dans le budget, exclusion faite de celles appartenant à la Dette de l'État et à celle du Trésor, déjà inscrites précédemment :

	BUDGET de 1874-75.	BUDGET COURANT reliquats inclus des budgets antérieurs à 1874-75.	TOTAL.	
Charges de justice........	362.138	1.063.413	1.425.551	
Pensions........	5.532.986	11.805.855	17.338.841	
Présidence du Conseil........	»	»	»	
Affaires étrangères........	»	»	»	
Justice et Cultes. Charges civiles........	361.765	272.123	633.838	
Justice et Cultes. Id. du Clergé........	4.994.528	14.403.233	17.397.761	
Guerre........	24.530.653	43.794.106	68.324.759	
Marine........	309.335	3.671.387	3.980.722	
Intérieur........	676.561	1.598.736	2.275.297	
Travaux publics........	3.108.127	4.659.730	7.759.857	
Finances........	855.501	5.991.107	6.846.608	
	37.723.594	87.259.690	124.983.284	
Arriérés du Clergé pour la période où cette charge ne figurait pas au budget (estimation)........			100.000.000	
			224.983.284	224.983.284

Total général de la Dette du Trésor........ 1.418.800.942

A ce total de la Dette du Trésor fin février de l'année courante, il faut, cependant, ajouter celle qui résultera de la liquidation de plusieurs chapitres, surtout de celui de la guerre, et de la Dette provenant du budget courant pendant la période qui doit s'écouler jusqu'à la fin de l'exercice, époque à laquelle il présentera son déficit total. Le calcul déjà fait permet de déclarer que la somme qui, sous ce point de vue doit venir augmenter la Dette du Trésor, ne sera pas moindre de 100 millions de piècettes, et que, par conséquent, le montant total de la Dette du Trésor est de 1,508,800,000 piècettes.

Crédit ou avoir de l'État.

Après avoir fait connaître, avec une minutie excessive peut-être mais nécessaire, le passif du budget, reste à consigner le montant de son crédit, fin février de l'année courante.

Ce crédit se décompose ainsi :

1° Les fonds en caisse.

2° Le montant des contributions, revenus, impôts et droits consignés dans le budget, en voie de perception.

3° Les crédits existant en faveur du Trésor, provenant des dépenses et avances remboursables, faites sous différents rapports.

4° Les immeubles et meubles appartenant à l'État et mis en vente.

5° Les obligations souscrites par les acheteurs des biens désamortis, ainsi que d'autres valeurs négociables.

				PIÉCETTES.
L'existence en caisse s'élevait à				25.852.298
Les contributions et les différentes ressources du Budget des Recettes non encore encaissés étaient les suivantes :				
	BUDGET de 1874-75.	Budget actuel, y inclus les reliquats des Budgets précédents et de l'emprunt national.	TOTAL.	
Contributions directes	29.131.603,59	24.315.983,30	53.447.586.88	
Contributions indirectes et ressources éventuelles	13.268.487,09	14.547.949,83	27.816.436,92	
Timbre, Tabacs et autres services exploités par l'administration	11.340.212,67	845.408,49	12.185.621,16	
Enregistrement et Domaines	6.214.201,85	192.347,33	6.406.549,18	
Contributions extraordinaires de guerre, y compris l'emprunt national forcé de 175 millions	17.150.530,59	45.357.418,52	62.507.949,11	
	77.105.035,78	85.259.107,47	162.364.143,25	
Rentrées à effectuer			13.842.439	
Résidus des budgets précédents :				
Jusqu'à fin de 1849 de toutes les ressources et contributions supprimées		36.840.930		
De 1850 à fin juin 1870		50.098.869		
Du 1er juillet 1870 à fin juin 1874		88.737.245	175.677.044	351.883.626,25
Crédits pour frais remboursables et avances faites par le Trésor :				
Restant à toucher de l'indemnité due par le Maroc pour frais de la guerre			18.977.686	
Id. de celle due par la Cochinchine			5.000.000	
			23.977.686	
Pour charges inscrites au budget colonial, remboursables par les caisses coloniales			47.697.007	
Secours décrétés par la loi du 21 février 1861, pour pertes provenant des inondations de cette année			543.120	

Frais du personnel et du matériel des écoles primaires, pour le compte des municipalités respectives	5.250.320	
Secours pour différentes causes à plusieurs municipalités et conseils généraux....	6.131.194	
Pour le compte de la Commission de la monnaie de la Catalogne..............	33.254	
Pour le compte de la Commission des routes de la Catalogne...................	464.263	
		84.097.544

Immeubles et autres en vente :

	Expertise.	
	PIÉCETTES.	
Domaine de l'État, y compris le 20 °/₀ communal............................	15.935.013	
Biens nationaux provenant du Clergé	123.307.583	
Id. du Domaine de la Couronne...............................	2.191.525	
Id. des Corporations civiles...	106.060.720	
Ensemble......	247.494.841	247.494.841

Matériel de guerre, de marine et autres, dont la vente a été décrétée........................

Quoiqu'on ait attribué une grande valeur à ce matériel, les administrations de la Guerre et de la Marine nient le fait et considèrent cet ancien matériel comme nécessaire à la construction du nouveau.

OBLIGATIONS D'ACHETEURS DE BIENS DÉSAMORTIS ET AUTRES VALEURS NÉGOCIABLES :

ÉCHÉANCES.	OBLIGATIONS DE VENTE antérieures à la loi du 1er mai 1855. Papier.	OBLIGATIONS DE VENTE antérieures à la loi du 1er mai 1855. Espèces.	PAGARÉS pour ventes effectuées d'après cette loi.	TOTAL.	PIÉCETTES.
Échues	13.560.145,40	»	68.225.812 03	81.785.957,43	
En 1875-76	»	6.928.99	21.313.076,76	21.320.005,75	
En 1876-77	»	6.089,06	34.604.813,26	34.610.912,32	
En 1877-78	»	6.089,06	33.826.970,90	33.833.059,96	
En 1878-79	»	6.089,06	31.766.123,85	31.772.212,91	
En 1879-80	»	6.089,06	29.124.801,60	29.130.890,66	
En 1880-81	»	6.089,06	25.072.902,30	25.078.991,36	
En 1881-82	»	6.089,06	20.828.145,70	20.834.234,76	
En 1882-83	»	6.089,06	26.545.903,30	26.551.992,36	
En 1883-84	»	6.089,06	20.997.218,86	21.003.307,82	
En 1884-85	»	4.650,04	16.374.611,60	16.379.361,64	
En 1885-86	»	3.881,31	9.898.616,60	9.902.497,91	
En 1886-87	»	600	5.578.100,18	5.578.700,18	
En 1887-88	»	600	3.965.136,60	3.965.736,60	
En 1888-89	»	600	2.119.775,50	2.120.375,50	
En 1889-90	»	»	1.539.760,90	1.539.760,90	
En 1890-91	»	»	1.458.100,65	1.458.100,65	
En 1891-92	»	»	601.795,15	601.795,15	
En 1892-93	»	»	229.410,40	229.310,40	
En 1893-94	»	»	168.314,50	168.314,50	
Pagarés non classifiés par irrégularité........			17.325.006 64	17.325.006 64	
Totaux...........	13.560.145.40	65.972,82	371.464.297,18	385.090.415,40	385.090.415,40

Il faut tenir compte que la majeure partie des Obligations susnommées sont payables par les acheteurs signataires, en Bons du Trésor :

Au 80 °/₀ pour celles qui se rapportent à des ventes antérieures au 23 octobre 1858 ; au pair, pour celles des ventes postérieures.

Valeurs négociables :

On ne tient pas compte : 1° des titres 3 °/₀ Propriété de l'État, consignés en grande partie ; 2° des Titres existant en caisse dont le total est de..........	2.901.449.500
3° Des Bons du Trésor qui se trouvent dans les mêmes conditions et dont le total déjà inscrit est de...	353.378.008

Parce que le Gouvernement se propose de les annuler au fur et a mesure qu'ils seront libérés par le paiement ou la conversion de la Dette flottante dont ils constituent la garantie.

1.094.418.724,65

Classification de l'Avoir.

De la classification de la partie des Crédits précédents, susceptible d'encaissement, il résulte que :

1° Les fonds en caisse sont effectifs en totalité, ci.. 25.852.298

2° Parmi ceux qui figurent comme provenant des contributions, impôts et droits inscrits aux différents Budgets, seront réalisables :

Des budgets antérieurs à 1850..	1.000.000	
De ceux de 1850 à juin 1870..	10.000.000	
De ceux du 1er juillet 1870 à fin juin 1874..............................	40.000.000	
Des exercices de 1874-75 et 1875-76....................................	70.000.000	
Des contributions et charges extraordinaires de guerre, dernièrement décrétées.	6.000.000	
Ce qui reste à encaisser de l'emprunt national forcé n'est pas compris dans ce tableau, car il constitue une nouvelle Dette et ne peut pas être considéré comme ressource du Trésor;		
Rentrées à effectuer..	5.000.000	
	132.000.000	132.000.000

3° Parmi les avances remboursables, on peut éliminer celles appartenant au Budget colonial, attendu que tant que la paix ne sera pas rétablie à Cuba, sa pénurie est trop grande pour qu'on puisse en espérer des recettes réelles. La partie réalisable de cette sorte de crédits doit se limiter aux ndemnités du Maroc et de la Cochinchine, et à celles accordées à des municipalités.

Leur ensemble ne dépassera pas.. 36.377.686

4° Des 385,090,415 piécettes, total des pagarès d'acheteurs de biens désamortis, on doit diminuer : 25 millions de piécettes pour ventes nulles ou non avenues; 52,500,000, capital et intérêts des billets hypothécaires de la Banque d'Espagne, et 48,600,000 d'intérêts appartenant, jusqu'à leur suppression, aux bons du Trésor déjà négociés. Il ne reste donc comme ressources pour le paiement du capital de ces Bons et autres charges du Trésor, que.. 258.900.000

5° Des Immeubles et Meubles en vente, seuls ceux qui appartiennent à l'État, et ceux provenant du Clergé, font partie de l'Avoir effectif de l'État; ceux qui appartiennent à des corporations civiles apportent à la Dette de l'État une augmentation en rapport avec le produit de leur vente. Aujourd'hui le manque de données sérieuses et exactes rend impossible une estimation même approximative. On ne peut donc classer comme ressources de l'État que les biens du Domaine, du Clergé, et du Domaine royal estimés à 141,434,121 piécettes, mais qui, étant d'une réalisation fort éloignée, ne peuvent pas être attribués au paiement de charges aussi immédiates que le sont celles du Trésor.. »

6° Par conséquent les Crédits de l'État réalisables fin février dernier ne doivent être évalués qu'à.. 453.129.984

Résumé de la situation des finances.

Il n'est pas facile, à première vue, d'extraire de cette immensité de débits et crédits, de conditions si spéciales et si diverses, le résultat net et précis qui en découle, ni de comprendre les questions, d'une solution aussi délicate que difficile, qu'ils renferment.

Il s'agit cependant de présenter cet ensemble de manière à ce que tout le monde puisse le saisir facilement, ce qui peut être obtenu en résumant tous ces chiffres de la manière suivante :

1° La Dette consolidée et la Dette amortissable portant intérêt, et celle sans intérêt qui existe en circulation pleine et définitive, constituent un capital de 9,016,508,111 piécettes, et l'annuité de ces intérêts et son amortissement s'élève à 286,420,991 piécettes.

2° Ce capital et, par conséquent, ces intérêts et ces amortissements annuels doivent augmenter en conséquence de : la conversion, reconnaissance, liquidation et paiement de dettes anciennes comprises dans le règlement de 1851 ; de la dette relative aux ventes des biens de corporations civiles non représentées encore par les inscriptions nominales; des subventions et prêts aux Compagnies des chemins de fer en construction ; et, enfin, des intérêts de la Dette de l'État dûs pour des semestres en retard, en supposant qu'on doive leur assigner quelque revenu.

3° Il est urgent de prendre des mesures immédiates pour neutraliser, dans la limite du possible, le résultat dû aux fautes commises par l'imprévoyance avec laquelle on a laissé développer, au milieu de la dépression la plus grande de crédit national, les vastes opérations commencées en 1858, opérations qui étaient basées sur les ressources provenant du désamortissement et qui avaient pour but la construction des chemins de fer et du matériel de guerre et de la marine ; tout cela dans l'hypothèse que les 3 % seraient cotés au-dessus de 50 %, et que les obligations de Chemins de fer de l'État seraient cotées au-dessus de 90 %. Ces mesures doivent aussi avoir pour résultat de presser les opérations de liquidation.

4° Pour parvenir à fixer, avec une approximation suffisante, le total auquel parviendra la Dette de l'État, tant en capital qu'en intérêts annuels, il faut aussi décider quelle partie de la Dette du Trésor doit figurer, dorénavant, parmi celle de l'Etat.

5° Une fois calculée la masse des Dettes consolidées et des Dettes amortissables portant intérêt qui en doit résulter, il faut, en tenant compte des ressources du budget dans la mesure des possibilités actuelles, et de celle plus large dont elle pourra jouir à l'avenir, au moyen des sacrifices de toute sorte, décider quelle est la somme qui peut être consacrée actuellement au paiement des intérêts, et à l'amortissement de la Dette de l'État, une fois couverts, avec toute l'économie possible, les services du gouvernement, de l'administration publique, de la justice et de la défense nationale, ainsi que pour remplir les engagements contractés par le Trésor sur son crédit, possédant des conditions d'exigibilité toutes spéciales.

6° La Dette du Trésor a, dans plusieurs cas, les époques, les modes et les montants de ces remboursements parfaitement fixés. Dans ces conditions se trouvent :

		Piécettes,
La Dette à faveur de la ferme du Timbre, s'élevant à	19.833.333	493.269.833
Celle de MM. Rotschild, pour les mines d'Almaden	90.000.000	
L'Emprunt national forcé de 1873	136.500.000	
Les Bons du Trésor déjà négociés	170.057.000	
L'anticipe Fould	29.612.500	
Les Récépissés au porteur de la Caisse des Dépôts	47.267.000	

7° On peut désigner tout de suite le moyen de rembourser les crédits qui existent en faveur de la Caisse générale de remplacement militaire, qui se montent à 28,163,157 piècettes.

8° Il faut fixer immédiatement le mode de remboursement de la Dette dite flottante qui consiste en mandats à courte échéance, garantis la plupart, par des valeurs publiques. Elle s'élève à 500,829,994 piècettes.

9° Il faut aussi subvenir à ce qui est dû à la Caisse des Dépôts pour éteindre sa dette envers les municipalités, provenant du tiers du 80 % du produit de la vente de leurs biens ; aux participants des indemnités viagères de l'État ; à l'annulation des billets, de monnaie de billon catalane ; il faut y ajouter, enfin, les mandats du Trésor, conséquence d'emprunts, ainsi que les découverts pour obligations du budget, y inclus les émoluments non payés au Clergé, jusqu'à 1875, dont l'ensemble constitue un total de 396,537,958 piècettes.

10° On peut évaluer à 453,129,484 piècettes les crédits en faveur du Trésor, réalisables le 29 février dernier, et qui compenseront en partie ce découvert. Le total de la Dette du Trésor étant de 5,518,800,042 piécettes, le solde résultant, comme montant de ladite Dette du Trésor fin juin prochain. peut être évalué à 1,065,670,958 piècettes quoique 496,269,833, provenant de bons et de prêts remboursables à longue date, ainsi que d'autres dettes, les émoluments du Clergé en retard jusqu'en 1875, par exemple, et le tiers du 80 % du produit de la vente des biens des municipalités, ne soient pas exigibles immédiatement.

Une fois ces données fixées, et les questions, qui en sont les conséquences, bien précisées, nous allons passer à l'examen du projet budgétaire de 1876-77, mettant à profit cette occasion pour traiter de questions plus générales qui n'ont pas encore été soumises aux Cortès.

Budget de 1876-77.

Le moment où les nations finissent une période de troubles profonds et de guerres coûteuses, pour en commencer une de paix et d'ordre, est un des plus pénibles pour le pouvoir chargé d'organiser les services du gouvernement et de l'administration, de restaurer les finances et de réparer les désastres qui sont la suite indispensable de ces époques si douloureuses de l'histoire des peuples.

Si le budget de 1876-77 ne devait comprendre que des dépenses administratives, exclusion faite, comme dans les deux précédents, du montant des intérêts et de l'amortissement de la Dette de l'État, dont le paiement dépend de l'arrangement à faire avec les créanciers; si la Dette du Trésor sur toute ses formes pouvait se passer de la transformation qu'elle exige impérieusement aujourd'hui pour éviter les dangers que présente sa forme actuelle; si, une fois la paix faite, les dépenses militaires pouvaient se renfermer dans leur ancien cadre; et si on pouvait passer sous silence les sommes exigées par les travaux publics en voie d'exécution, les capitaux nécessaires étant fournis comme auparavant par le crédit; le budget actuel présenterait un équilibre complet entre les recettes et les dépenses. Des raisons d'honneur national, de justice et de prévoyance empêchent de laisser dans sa situation actuelle la Dette de l'État et celle du Trésor; d'un autre côté, la cause de l'ordre exige des dépenses militaires qui ne sont pas encore celles d'une situation pacifique et normale, quoique n'étant plus les dépenses extraordinaires de la guerre; les travaux publics enfin réclament plus que jamais des efforts de toute sorte si on veut que la nation se réveille dénitivement de son engourdissement pour entrer dans la voie du progrès. Il est évident que dans de telles conditions la rédactions du budget offre les difficultés les plus sérieuses.

Budget des dépenses.

La méthode d'exposition du budget exige, pour parvenir à la plus grande clarté possible, que les dépenses de la Maison du Roi, ainsi que celles des différents départements ministériels, soient étudiées en même temps que celles comprises sous le titre de charges générales de l'État, et qu'on mette de côté les dépenses exigées par la Dette publique.

Ce total ainsi connu et l'ensemble des recettes constaté par leur budget spécial, en dressant le tableau des revenus publics et du rendement des contributions, on pourra facilement se rendre compte du solde qui doit être attribué au paiement des intérêts et à l'amortissement de la Dette, on pourra aussi se convaincre combien est nécessaire l'augmentation de ce solde, dans les limites de la possibilité des revenus du Trésor, au moyen de contributions nouvelles, tout en cherchant à obtenir des créanciers de l'État les conditions raisonnables que l'Espagne est en droit de revendiquer.

Maison du Roi.

La liste civile de S. M. le Roi et celle de la Princesse des Asturies furent fixées provisoirement, jusqu'à ce qu'il fut possible de les arrêter d'une façon constitutionnelle et définitive. Il reste donc à fixer leur chiffre ainsi que celui des dotations que des hautes considérations obligent le gouvernement à servir à d'autres membres de la Famille Royale qui ne perçoivent rien actuellement du Trésor.

C'est dans ce but qu'un projet de la loi à part, y annexé, est présenté à l'approbation des Cortès. L'ensemble de la somme signalée pour la Famille Royale s'élève à 9,500,000 piécettes, total du budget de la Maison du Roi. Tout en fixant une dotation au Roi, au successeur immédiat de la Couronne, ainsi qu'à tous les membres de la Famille Royale, le budget présente un chiffre inférieur de 1,350,000 piécettes, au chiffre analogue consigné dans le budget de 1868.

Pouvoir législatif.

Les deux corps de l'État fixent eux-mêmes le total des frais nécessaires pour leur service intérieur ; le gouvernement se borne à insérer au budget 1,054,076 piècettes, chiffre qui figure au budget actuel. Le gouvernement a confiance dans les agissements de la Chambre et nourrit l'espoir qu'en votant les sommes nécessaires pour l'exercice prochain, il aura en vue les économies exigées par la situation actuelle des finances de l'État moins bien prospères que précédemment.

Services généraux.

Charges de justice. — Pensions et Rentes viagères.

Le titre même de ce chapitre exprime bien qu'il n'admet des réductions d'aucune sorte, à moins que les tribunaux, après examen approfondi de quelques-unes de ces charges, ne les déclarent mal fondées. Ces annulations ne sont pas à attendre, car les charges déjà consignées dans le budget, ont passé par un grand nombre de révisions successives, qui ont écarté celles dont les titres semblaient douteux. Ces charges provenant des anciens systèmes économiques en vertu desquels les gouvernements aliénaient les droits et les charges productives dont ils disposaient en échange de services d'argent que le crédit fournit aux gouvernements modernes, ces charges, disons-nous, ne sont qu'une variété de la Dette de l'État. Elles doivent, donc, prendre leur part aux mêmes fluctuations qui pèsent sur les autres créanciers de l'État, et subir, ainsi que cela a lieu à présent, un escompte de 20 %.

Le chapitre des Pensions et Rentes viagères, prend de jour en jour en Espagne un développement hors de proportion avec les revenus généraux du Trésor. Le personnel fort nombreux, que les évènements politiques ont successivement appelé aux fonctions publiques, est cause que leurs pensions constituent aujourd'hui un total qui ne représente plus le remplacement logique d'un titulaire par un autre, mais qui au contraire, n'est en somme que la multiplication successive des droits de tous les titulaires.

J'appelle l'attention des Cortès sur l'immense majorité des militaires qui figurent sur la liste des pensionnés du gouvernement, car aux termes de l'échelle régulatrice des pensions, il y a des militaires dont la situation commes retraités, est égale à celle de ceux qui se trouvent en activité de service, bien qu'ils jouissent d'une diminution considérable de dépenses personnelles.

La réforme des lois et règlements qui régissent les pensions de l'État, a été déjà essayée plus d'une fois dans le but d'égaliser les droits de tous les fonctionnaires publics, ainsi que pour corriger et au besoin annuler des concessions indûment faites.

Malheureusement ce vœu ne s'est pas réalisé. Il faut donc qu'en même temps qu'on réorganise les différentes branches de l'administration, on cherche à arrêter l'abus des concessions qui a été fait, ainsi qu'à entraver l'augmentation des charges qui pèsent si lourdement sur le Trésor.

Les pensions de retraite sont fixées en Espagne à la suite de jugements ayant pour but de contrôler d'une manière définitive leur raison d'être. Toute réduction sur ce chapitre est donc impossible.

Services généraux des Ministères.

Depuis bien longtemps, on attaque les dépenses excessives exigées par les différents services administratifs, les rapportant à des fautes graves d'administration.

Les hommes et les partis qui, à des époques successives, sont arrivés au pouvoir, sous toutes les formes de gouvernement, ne sont pas parvenus néanmoins à faire disparaître, par des réformes pratiques, les défauts d'un système si critiqué. C'est ainsi qu'à quelques petites exceptions près, et en dehors des services nouvellement créés qui ont exigé de nouvelles dépenses fort considérables, la comparaison des budgets pendant une longue période prouve que presque rien n'a été changé dans l'administration, ce qui démontre l'injustice des attaques formulées, car, si elles avaient été fondées, un correctif radical y aurait été apporté.

En comparant le budget de 1861 avec celui de 1876-77, on remarque que les augmentations qui ont eu lieu dans le service de la présidence du Conseil, proviennent de ce que le Conseil d'État a été annexé aux bureaux de la Présidence, et surtout de l'importance de plus en plus croissante prise dans ces derniers temps par ce centre administratif.

Pour ce qui a trait au budget du Ministère des Affaires étrangères, les dépenses sont moindres en quelque sorte, car si plusieurs d'entre elles ont été augmentées, elles ont aussi apporté un surcroît de recettes.

Le budget de la justice présente aussi une augmentation qui provient des traitements plus considérables accordés à la magistrature et à l'administration de la justice, ainsi que des travaux du nouveau Palais-de-Justice et des frais exigés pour l'établissement des registres de l'État civil.

Le budget de la guerre est considérablement augmenté. Il faut tenir compte que plusieurs de ses chapitres subiront des diminutions importantes, aussitôt que les circonstances exceptionnelles que nous traversons auront cessé d'exister.

Dans le cours des années 1874 et 1875, les dépenses militaires de toute sorte étaient de plus de 360 millions de pièccttes par an. Heureusement que, pour le prochain exercice, 125 millions de piècettes seulement sont exigées à titre de dépenses ordinaires, et que 18 millions de piècettes ont été seules ajoutées au budget pour tenir compte des faits qui se passent à Cuba, et pour préparer les nombreux renforts qui doivent quitter la Péninsule en octobre pour mettre définitivement terme à l'insurrection cubaine.

Le total de ces dépenses extraordinaires sera couvert de la même manière que le seront les dettes contractées par le Trésor, comme conséquences de la guerre, et qui n'ont pas encore été soldées.

Le budget de la marine, soumis également aux exigences des évènements, est susceptible, aussi bien que celui de la guerre, d'éprouver des modifications importantes. En outre, le dernier budget accorde de nouvelles ressources destinées aux constructions navales et aux ouvrages de la marine qui, autrefois, couvraient leurs dépenses, grâce au rendement des sommes allouées pour le développement des travaux publics et du matériel de l'État en Espagne. D'un autre côté, la défense de nos intérêts aux Antilles nous oblige à exercer sur elles une vigilance continuelle, et à faire tous nos efforts pour rassembler et augmenter les éléments matériels qui peuvent concourir à leur défense.

Le Ministère de l'Intérieur dmande aussi des augmentations dans les chapitres de la sûreté publique, des télégraphes, de la police sanitaire. Un simple coup d'œil jeté sur l'importance actuelle du service de la sûreté et de la police des ports, ainsi que sur les développements pris depuis 1861 par le service télégraphique, suffit pour faire comprendre qu'il n'est ni possible, ni convenable d'opérer des réductions sur des dépenses si utiles au pays, et dont quelques-unes, — les télégraphes, par exemple, — sont reproductives.

Le budget du Ministère des Travaux publics offre des changements remarquables, comparé à celui de 1861 : c'est qu'il se trouve aussi dans le même cas que celui de la marine, mais dans des degrés fort différents d'importance relative, car non-seulement il a à fournir les sommes nécessaires à la construction de nouvelles routes et de nouveaux ports, mais il doit aussi faciliter des ressources à des travaux accordés depuis fort longtemps, et pour lesquels des opérations de crédits, au moyen d'emprunts spéciaux, ont été faites, ou qui ont trouvé dans la loi de mai 1859 les moyens exigés pour leur mise en œuvre immédiate.

Le personnel d'ingénieurs des ponts et chaussées et des mines, ayant aussi augmenté dans de larges proportions, les chapitres qui s'y rapportent demandent un chiffre fort important.

Le budget des finances est peut-être celui qui offre le moins de différence par sa comparaison avec le budget précédent, en tenant compte, bien entendu, des modifications introduites dans les impôts, ainsi que des dépenses d'exploitation des revenus variables avec les oscillations des marchés.

La comparaison des crédits portés au chapitre des compensations de recettes, avec ceux portés dans le budget de 1874-1875, fait voir une augmentation considérable de 17 millions de piècettes, qui s'explique, en sachant que, dans les budgets précédents, on n'a pas calculé exactement les frais de recouvrement, ainsi que plusieurs dépenses se rapportant aux contributions territoriales et industrielles et que l'augmentation des recettes provenant de la loterie exige aussi qu'on augmente le nombre des prix à distribuer aux joueurs.

Ce coup d'œil rapide sur l'ensemble des budgets spéciaux des Ministères prouve que toutes les réductions possibles ne pourront jamais avoir une importance suffisante pour combler en quoi que ce soit le déficit existant.

L'ensemble des services généraux de l'État et des services spéciaux des Ministères, exception faite de celui de la Dette publique et des services extraordinaires de la guerre, est le suivant :

Services généraux de l'État.

	Piècettes.
Maison du Roi	9.500.000
Chambres législatives	1.054.076
Charges de justice	3.208.473
Pensions et Rentes viagères	45.242.202

Services spéciaux des Ministères.

Présidence du Conseil des Ministres	1.104.776
Ministère des Affaires étrangères	3.359.788
Ministère de la Justice	53.389.812
Ministère de la Guerre (service ordinaire)	125.209.130
Ministère de la Marine	32.693.725
Ministère de l'Intérieur	24.196.459
Ministère des Travaux publics	48.863.350
Ministère des Finances	133.262.224
Total	481.884.015

Le total ci-dessus ne peut pas être comparé à celui fixé primitivement par le dernier budget, puisque celui-ci portait, d'un côté, des crédits immenses pour des dépenses extraordinaires de guerre, tandis que, d'un autre côté, étaient supprimés d'autres crédits fort importants et même des services pour des budgets spéciaux en entier, tel, par exemple, que celui de la Maison du Roi et celui du Clergé.

Voyons maintenant quelles seraient les recettes de l'exercice 1876-77, calculées d'après l'état des contributions, revenus et impôts ordinaires et extraordinaires, ce qui, une fois les dépenses ordinaires ci-dessus détaillées couvertes, nous déterminera exactement le reliquat applicable à la Dette de l'État, ainsi qu'à celle du Trésor.

Budget des Recettes.

Le budget des recettes présenté aux Cortès ne serait pas parvenu à donner la somme totale qu'il comporte aujourd'hui, si on avait persisté à vouloir modifier et supprimer, sans réflexion ni prévision aucunes, le système tributaire en vigueur à l'époque des événements politiques de 1868.

Ce système que des grands travaux, et une longue expérience étaient parvenus à rendre aussi parfait que ceux des nations qui marchent en tête du progrès, en tenant compte des différences des pays et des circonstances locales, ce système fournissait au Trésor, aussi bien qu'à la province et au municipe des ressources chaque jour plus assurées et plus abondantes; pour subvenir à leurs besoins. Dans le total des recettes pour l'exercice prochain, figurent des contributions extraordinaires que la guerre a rendues nécessaires et qu'il faut conserver, car c'est toujours pendant la paix qu'on paie les frais de la guerre. Néanmoins ces taxes additionnelles écartées, l'importance des recettes est si considérable qu'aucun budget antérieur n'est parvenu à un total aussi satisfaisant, surtout si on tient compte que toutes proviennent de ressources permanentes et régulières, dont le revenu est en parfait accord avec l'estimation qui en a été faite.

Sur le terrain politique, la mise en œuvre des idées, l'épreuve de leur application, ainsi que l'action des hommes sont parvenues à dissiper bien des illusions et à corriger bien des erreurs ; sur le terrain de l'économie politique, l'expérimentation étant encore plus concluante, on a pu rétablir et acheminer les choses vers le but dont elles n'auraient pas dû s'éloigner. Il est donc juste de déclarer devant les Cortès que l'administration, sans se laisser entrainer par des préoccupations d'école, ni par des ménagements d'aucune sorte, décréta le 26 juin 1874, la mise en régie des tabacs dans son ancienne intégrité, elle rétablit l'octroi, créa quelques impôts nouveaux, et augmenta d'autres, démontrant ainsi sa ferme volonté de fournir au budget des ressources effectives. Cette administration, en agissant de la sorte a mérité toute notre approbation et toutes nos louanges.

L'état actuel des finances serait bien différent, si à l'époque où le déficit était insignifiant par rapport à son importance actuelle, au lieu de renoncer à plus de 300 millions de réaux de revenus assurés au Trésor, sans compter ce qu'on faisait perdre aux municipalités et aux provinces, et les dangers qu'il y avait à amoindrir d'autres revenus par la menace de leur abolition, qui leur faisait perdre la plus grande partie de leur valeur, on avait employé à les augmenter et à créer de nouvelles contributions l'obstination mise à les modifier et à les détruire.

Le déficit n'aurait pas atteint d'aussi lamentables proportions, et le crédit n'aurait pas sombré à l'époque même où il était nécessaire d'avoir recours aux emprunts les plus fréquents et les plus considérables qu'enregistre notre histoire financière. L'État n'aurait pas eu besoin de contracter des dettes dans des conditons de perpétuité et à un taux aussi élevé, multipliant ainsi les capitaux nominaux de ce découvert.

Le souvenir de ces faits éloignera sans doute à l'avenir les pouvoirs publics de procédés qui ont amené partout des résultats aussi déplorables.

Avant d'entrer dans les explications exigées par le budget des recettes de 1876-77, il convient de connaître les résultats fournis par l'application des impôts rétablis et de ceux créés à nouveau en 1874, les uns parmanents, les autres extraordinaires ou transitoires, exigés par les besoins de la guerre. L'évaluation, faite à l'époque de leur adoption avait en effet fait espérer un total de recettes si élevé que, si par bonheur ces prévisions eussent été réalisées, la tâche d'équilibrer le budget n'eût pas été aussi difficile qe'elle l'est aujour'hui. Voici l'évaluation faite à cette époque du montant des recettes se rapportant à ces impôts.

Impôts rétablis.		Piècertes
Octrois	45.000.000	
Impôts sur le sel	15.000.000	71.500.000
Taxe sur les certificats d'identité	10.000.000	
1 % sur les héritages directs	1.500.000	
Impôts augmentés.		
2 % sur le foncier	15.240.000	
Un 9e sur les patentes et taxes assimilées	5.101.777	33.424.277
50 % sur les contributions indirectes	13.082.500	
Impôts nouveaux.		
Impôts sur le chargement	3.064.000	
id. sur les blés et farines	65.000.000	88.064.000
id. sur toutes les ventes	20.000.000	
		192.988.277

L'octroi, la taxe sur le sel, et celle sur les blés et farines, quoique distinctes, furent jusqu'à un certain point, englobés en une seule taxe, par le fait même de les avoir soumises à une même méthode de perception et d'administration, au moyen de rôles imposés aux municipalités, à quelques rares exceptions près.

Un laps de temps suffisant ne s'était certainement pas écoulé, et la situation générale du pays n'avait pas permis de juger d'une manière exacte si la réalité répondait, comme produits et perceptions, aux espérances conçues, mais on avait pu constater suffisamment jusqu'à quel point les facultés imposable de la nation et les méthodes administratives employées atteigneraient leur but.

L'administration actuelle reçut bientôt des plaintes et des réclamations contre l'exagération des impôts dont il s'agit, et en y portant l'attention que ces sortes de questions comportent, elle modifia les bases nouvellement établies et en adopta d'autres. Le résultat fut qu'au lieu des recettes évidemment irréalisables qu'on avait imaginées, on en assura d'autres plus effectives, puisque les arrangements passés avec les municipalités s'effectuaient par un commun accord avec l'administration.

Aucun changement n'a été apporté, en ce qui concerne les impôts rétablis sur les certificats d'identité, le 1 °/₀ dont étaient frappés les héritages directs, ni sur les impôts additionnels, fonciers, des patentes et autres pas plus que sur le 50 °/₀ de quelques contributions indirectes, ni sur les nouvelles taxes des chargements et des ventes mobilières. La vente des allumettes a été exemptée de tout impôt par des raisons qui ont été déjà expliquées et dont on rendra compte spécial aux Cortès.

Les recettes obtenues, comparées avec les recettes prévues donnent les résultats suivants :

	Recettes prévues.	Recettes réalisables.	Différence.
Octrois. Taxe sur le sel. Taxe sur les cereales.	125.000.000	83.923.267	41.076.733
Taxe sur les certificats d'identité.	10.000.000	1.942.240	8.057.760
1 °/₀ sur les successions directes.	1.500.000	428.793	1.071.207
2 °/₀ d'augmentation sur l'impôt foncier...	15.240.000	14.447.052	792.948
9me sur les patentes et autres.	5.101.000	3.507.511	1.593.489
50 °/₀ sur les contributions indirectes.	13.082.500	3.382.624	9.699.876
Taxe sur les chargements.	3.064.000	2.176.288	887.712
Taxe sur les ventes.	20.000.000	539.385	19.460.615
	192.987.500	110.347.160	82.640.340

Quoique les résultats n'aient pas répondu aux espérances conçues, le gouvernement actuel ne proposera pas d'abandonner les impôts dont nous nous occupons. Les circonstances actuelles ne permettent pas de les abandonner. Elles exigent au contraire de tout maintenir et de tout augmenter. Il est du reste prudent, puisque quelques nouveaux impôt ont été décrétés, de les expérimenter avec le plus grand soin, faisant en sorte que l'expérience mette en évidence, si, dans des conditions normales, il faut définitivement les adopter ou les supprimer.

Si, en établissant les budgets des recettes pour 1876-77, il n'y avait à tenir compte que des dépenses générales de l'État, à l'exclusion de la Dette publique, il suffirait, pour parvenir à un total de recettes très supérieur au montant des dépenses, de conserver dans leur état actuel les contributions, les impôts et les recettes.

Pour couvrir largement les dépenses générales de l'État dans l'exercice prochain, il suffirait simplement de réaliser les valeurs déjà perçues ou à percevoir, inscrites au budget pour l'exercice courant, ainsi que celles qui deviendront exigibles et seront perçues dans le cours de l'exercice actuel. Il suffirait, enfin, de s'efforcer de rendre aux revenus, fort diminués par rapport à ce qu'ils furent autrefois, leur ancienne importance, ce à quoi doit parvenir une administration active, zélée et morale, grâce à l'ordre et à la paix.

Les charges de la Dette publique sont, cependant, fort considérables, et puisqu'il faut trouver moyen de les remplir, et que, d'un autre côté, les produits des contributions, des impôts et des revenus, dans leurs limites normales, sont insuffisants, il faut forcément maintenir les charges extraordinaires qui existent actuellement, en les aggravant, pour augmenter la masse des recettes. Les charges actuelles, ordinaires et extraordinaires, abstraction faite des nouvelles dont il s'agira plus tard, donnent à elles seules le résultat suivant :

	Piècettes.
Contributions directes et augmentations extraordinaires de guerre.............	243.850.000
Contributions indirectes et augmentations extraordinaires de guerre.............	146.017.500
Timbre, régie des tabacs, loterie et autres services exploités par l'administration, y compris les charges extraordinaires de guerre..	184.047.727
Mines, revenus et droits du domaine..	11.628.767
Recettes coloniales (tabacs des Philippines)..	5.000.000
Recettes spéciales (indemnité de guerre)..	2.000.000
	592.543.994

Dans ce total n'est pas compris le montant des recettes réalisées au moyen des ventes des biens désamortis, parceque le gouvernement juge que cette somme étant affectée à l'amortissement et aux intérêts des bons du Trésor et des billets hypothécaires de la Banque d'Espagne, elle doit être mise à part pour être consacrée exclusivement à ce service ; une recette qui est de pure compensation ne doit pas figurer parmi les recettes régulières et permanentes, quand elle est déjà absorbée par les dettes qui ont été contractées sur cette recette. Le reliquat, s'il en existe, une fois ces charges remplies, servira à couvrir celles qui pourraient rester à découvert dans le budget.

Les calculs qui se rapportent à l'ensemble des Contributions directes ont été d'accord avec le résultat. De la même manière ont été calculées celles des autres chapitres, avec des différences insignifiantes, les douanes et les tabacs exceptés. Ces recettes sont aujourd'hui celles qui se trouvent les plus éloignées de leur ancien type si supérieur, et c'est à celles-ci qu'on a attribué un chiffre rapproché du maximum qu'elles ont atteint.

En 1861, les Douanes atteignirent en recettes 263 millions de réaux, provenant presque exclusivement des droits d'importation et d'exportation, puisque ceux-ci seuls, atteignirent 246,071,835 réaux. De 1868 à 1869, la recette totale fut de 176 millions, dans lesquels les droits d'importation figuraient pour un minimum de 155,000,000 réaux. En 1875-76, leur total probable est de 210 millions de réaux, en y comprenant des droits sur les blés étrangers qui n'existaient pas en 1871, ainsi que ceux du matériel de guerre, de marine et des chemins de fer, qui n'étaient pas en vigueur à cette époque. En se rappellant que ce dernier résultat a été obtenu pendant la guerre, alors que les côtes étaient dégarnies, parce que les douaniers se battaient à côté de l'armée régulière ; quand le travail et le commerce étaient interrompus, pendant cette période de troubles et de ruines, où les communications rendues si difficiles par la guerre, arrêtaient toutes les transactions, il est évident, qu'une fois la paix rétablie, les services convenablement réorganisés, et l'état normal atteint, les recettes des Douanes reprendront leur ancienne importance et probablement une plus grande encore, si l'administration sait remplir ses devoirs.

De 1864 à 1865 les recettes, provenant des Tabacs, s'élevèrent à plus de 365 millions de réaux ; elles diminuèrent à partir de l'année suivante pour atteindre, en 1869-70, un minimum de 223 millions, motivé par la libre vente des tabacs de la Havane accordée aux particuliers pendant un temps, retirée par des dispositions récentes, ainsi que par les événements politiques d'une aussi grande importance qui eurent lieu à partir de 1868.

Les produits de cette régie auront, pendant l'exercice courant, une augmentation de plus de 60 millions de réaux sur l'exercice précédent, dont les produits égalèrent presque ceux de l'année 1867-68. Cette augmentation est due à quelques modifications dans les tarifs, ainsi qu'à la parfaite intégrité de la régie.

Sans introduire donc aucun changement dans les tarifs actuels, ce n'est pas trop s'aventurer que de calculer comme approchant de celui de l'année 1864-65 le rendement provenant des tabacs pendant l'exercice prochain.

Quelques autres différences existent encore entre les recettes calculées du budget de 1874-75 et celles inscrites sur le budget actuel, dont voici l'explication :

La Monnaie figurait dans le premier budget pour une somme de 26 millions de piècettes, calculée sur le bénéfice résultant de la frappe des nouvelles pièces de bronze. La solution préalable des différents problèmes à résoudre, pour fixer d'une façon complète la situation monétaire du pays, problèmes compliqués aujourd'hui de ceux résultant de la surabondance de la monnaie d'argent, et de la démonétisation, adoptée en principe par quelques Etats, a arrêté ces opérations. Toute recette de ce chef a donc été éliminée du nouveau budget, car même si elle venait à se réaliser, elle ne constituerait jamais une ressource effective, étant absorbée par les grands frais exigés par la réforme monétaire.

Le Timbre figure aussi dans le nouveau budget pour une somme inférieure au produit net que la ferme du Timbre doit rapporter. Les contrats passés avec cette Société portaient qu'elle paierait annuellement une somme égale au produit moyen annuel de la période décennale de 1864 à 1873. Ce produit avait été calculé à 25,506,347 piècettes; les fermiers ayant contesté l'exactitude de ce chiffre, les recherches du Contrôle général de l'administration parvinrent à fixer le chiffre réel à 23,037,727 piècettes. Le Gouvernement estimant justes les réclamations des fermiers, a accepté ce dernier chiffre, comme étant celui que la ferme doit garantir, et l'a porté au budget sous réserve de la décision définitive des Cortès.

Ajouter encore des détails et expliquer les différences qu'on remarque entre le budget actuel et les budgets antérieurs, ainsi que les réformes proposées sur les tarifs et les bases de quelques services, serait donner des limites trop étendues à cet exposé, qui doit encore appeler toute l'attention des Cortès sur des questions plus graves et plus transcendantes.

L'ensemble des charges de l'Etat exigées par la Maison du Roi, les charges de justice, les pensions et les services généraux des ministères est, d'après ce qui a été déjà dit, montent à..... 481,884,015

Les recettes, calculées sans augmenter ni les tarifs, ni les quantités, ni les types des impôts qui figurent au budget, seront de.. 592,543,994

Il résulte, donc, un excédant des recettes sur les dépenses, les charges de la Dette du Trésor, celles de la Dette de l'Etat et les dettes extraordinaires de guerre non comprises, s'élevant à.. 110,659,979

Budget de la Dette publique.

Aussitôt que le Gouvernement du Roi prît la direction des affaires de l'Etat, il s'empressa de déclarer comme le premier de ses principes, sa résolution de respecter absolument tous les engagements contractés au nom de la Nation, quelle que fût leur origine, et cela sans rien mettre en question, cherchant seulement à sauvegarder le crédit public. Le Gouvernement n'ayant jamais failli à cette promesse, il la tiendra religieusement à l'avenir.

Si les charges provenant de la Dette en général n'avaient pas pris des proportions si considérables, l'avenir financier de l'Etat serait tout à fait satisfaisant, comme le prouve la comparaison établie ci-dessus entre les recettes réalisables sans introduire aucun changement dans les quantités les types, et les conditions actuelles des contributions, impôts et revenus d'un côté, et de l'autre les dépenses totales de l'Etat, à l'exclusion des services de la Dette publique, soit de l'Etat, soit du Trésor.

Ces charges, on l'a déjà déclaré, sont si importantes et représentent un tel chiffre, qu'en mettant en regard les bilans provenant de la comparaison entre les dépenses réelles et les recettes effectives, il en ressort dans toute son évidence le déficit de l'ensemble du budget, ainsi que les mesures douloureuses exigées par le besoin de sortir, de la façon la moins violente, d'une situation aussi difficile.

Nous allons suivre la méthode d'exposition déjà adoptée pour mettre à la portée de tous la vérité sur la situation, en plaçant sous leurs yeux les difficultés économiques qui nous accablent.

Dette du Trésor.

Considérations générales sur les opérations du Trésor.

La première partie de cet exposé a minutieusement expliqué les différents services qui constituent cette Dette, et sous quelles conditions d'exigibilité et de garantie, des circonstances extraordinaires aidant, elle a été contractée.

La Rente perpétuelle, type régulateur autrefois du Crédit public, était tombée dans une telle dépréciation qu'il était tout à fait impossible d'avoir recours à lui. Les emprunts forcés mis déjà en pratique, la guerre civile plus ardente chaque jour, augmentant d'autant les dépenses militaires, les institutions gouvernementales manquant de stabilité, dans le doute de celles qui devaient triompher, les gouvernements les plus disparates se succédant chaque jour au pouvoir, animées des idées les plus diverses; la perception des impôts rendue plus difficile et parfois impossible, tout cela fait bien comprendre comment les ressources fournies par toutes les combinaisons imaginables de la Dette flottante ont été considérées comme l'unique expédient susceptible de sauver la situation.

De cet état de choses si pénible est résulté que la Dette flottante a pris les développements qu'elle comporte aujourd'hui, et que les prêteurs ont exigé, comme garantie de leurs prêts, des assurances et des engagements qui rendent très-précaire la situation du Trésor.

Il est donc urgent que les Pouvoirs publics cherchent à placer cette Dette dans des conditions qui n'amènent pas des conflits graves.

L'Administration actuelle n'a pas manqué de faire usage des ressources de la Dette flottante, mettant en œuvre une grande variété de formules pour faire face aux immenses engagements qu'elle avait à remplir. Les conditions et les limites des opérations réalisées par le Trésor sont et ont été publiques, car le Gouvernement, remettant en vigueur les bonnes pratiques administratives, en a publié mensuellement les relevés dans la *Gazette officielle*.

Si les conditions arrêtées ont fourni aux prêteurs des bénéfices plus ou moins considérables, ils ne le sont certainement pas autant que ceux qui ont été réalisés à d'autres époques; et si ces bénéfices ont été réalisés, ce n'est pas précisément le Trésor qui en a fait le sacrifice en entier, puisque les taux maximum ont été fixés à 12 % annuels d'escompte pour les prêts faits à un an de date par les particuliers, et à 10 % pour les prêts remboursables à six moins de date. Les opérations faites avec la Banque d'Espagne, ainsi que celles traitées avec la Banque hypothécaire, l'ont été à des taux inférieurs.

Les bénéfices les plus grands, obtenus par les particuliers et les établissements de crédit qui ont pris part à ces négociations, proviennent de la différence entre les valeurs que l'Etat admettait en paiement des crédits en retard, qu'on achetait à bas prix sur le marché, tandis que l'Etat garantissait un crédit nominal en entier.

Mais le Trésor devant, tôt ou tard, rembourser ces crédits aux créanciers ou cessionnaires primitifs, l'argent obtenu étant en outre destiné au paiement des charges courantes, le Trésor acceptait dans ses négociations aussi bien des crédits en rentrée que de l'argent pour payer ces crédits.

En outre, les coupons des trois derniers semestres ont été admis en paiement pour leur conserver un certain crédit sur le marché, et pour que, leur paiement étant suspendu, les créanciers besoigneux éprouvassent la perte la moins grande possible dans leur négociation. Il convient cependant de constater qu'à partir du moment où l'administration actuelle a mis en vigueur les règles qu'elle a publiquement observées en contractant ses emprunts et en partageant les ressources du Trésor entre ses créanciers, l'escompte que subissaient les bons de trésorerie et autres crédits à sa charge, est descendu à des types bien inférieurs aux précédents, et que dans les adjudications pour des services de toute sorte, civils et militaires, faites par elle, on a obtenu des économies fort considérables qui ont rendu bien moins sensibles les dépenses faites par la Nation.

Pendant les quinze mois écoulés depuis l'avénement du Gouvernement actuel, le Trésor a trouvé les ressources nécessaires pour subvenir : 1° à tous les besoins du personnel de la guerre et de la marine, bien qu'ayant à entretenir l'armée la plus nombreuse que le Pays ait jamais eue, en même temps qu'il secourait celle de Cuba ; 2° au paiement des mensualités dues à tous les fonctionnaires, et d'autres charges considérables en retard. Il reste néanmoins quelques provinces où des circonstances locales et des difficultés spéciales de circulation monétaire ont rendu difficile l'envoi de l'effectif nécessaire pour ces règlements.

Il convient d'indiquer ici que le total des paiements effectués depuis le mois de janvier jusque fin décembre 1875, s'élève à 855,401,623 71 c. piècettes, dont voici l'énumération détaillée.

SERVICES GÉNÉRAUX DE L'ÉTAT	CHARGES DU BUDGET DE 1874-75		CHARGES DU BUDGET DE 1875-76		TOTAL	
SERVICES GÉNÉRAUX DE L'ÉTAT.						
Maison du Roi	3.629.999	98	3.718.124	98	7.348.124	96
Présidence du Pouvoir exécutif	6.416	64	»		6.416	64
Chambres législatives	687.787	68	412.975	62	1.100.763	30
Dette publique	32.548.595	21	83.651.461	54	116.200.056	75
Charges de justice	2.497.052	50	1.111.071	45	3.608.123	95
Pensions	37.925.036	52	8.944.633	75	46.869.670	27
SERVICES SPÉCIAUX DES MINISTÈRES						
Présidence du Conseil des Ministres	519.670	37	525.126	66	1.044.797	03
Ministère des Affaires étrangères	2.816.974	43	343.386	90	4.160.361	33
» de la Justice et des Cultes — Services civils	5.320.262	01	4.384.267	56	9.704.529	57
» de la Justice et des Cultes — Services du Clergé	20.142.190	49	9.463.363	35	29.605.553	84
» de la Guerre	262.274.914	11	123.976.719	12	386.251.633	23
» de la Marine	30.080.265	81	22.270.047	89	52.350.313	70
» de l'Intérieur	16.523.732	61	12.349.931	14	28.873.663	75
» des Travaux publics	33.535.354	17	17.931.524	73	51.466.878	90
» des Finances	69.199.371	05	47.611.365	44	116.810.736	49
Totaux	518.707.623	52	336.694.000	13	855.401.623	71

Le gouvernement croit devoir ajouter qu'en prenant la direction des affaires, il trouva, comme appartenant à l'État, quoique consignés dans une large proportion, des bons du Trésor pour 361,900,000 piècettes, et des titres 3 0/0 pour 1,436,000,000 de piècettes. C'est au moyen de ces valeurs et d'une émission de 1,500 millions de piècettes en titres de la Dette 3 0/0 que le gouvernement a pu réaliser les opérations si extraordinaires qu'il a menées à bonne fin, aussi bien à l'intérieur qu'à l'étranger, et qui ont eu pour résultat l'acquisition d'espèces et le dégrèvement du portefeuille de la Banque nationale des valeurs à charge du Trésor qu'il renfermait ; il est à remarquer que si cette existence en portefeuille avait augmenté ou était même restée stationnaire, on eût été en droit de s'attendre à des conflits monétaires de la plus haute gravité.

C'est par crainte de ces complications que le gouvernement, agissant contre ses propres idées et bravant de nombreux inconvénients, a donné une extension très grande aux emprunts remboursables à l'extérieur. Quelle aurait été en effet la situation du Trésor, si, borné à ses propres ressources déjà presque épuisées, ne comptant que sur la Banque nationale, obérée aussi, on eût forcé à certains moments les émissions des billets, sans possibilité aucune de les rendre effectifs, justement à une période où les exigences de la guerre croissantes sans cesse, réclamaient de tous côtés des masses énormes d'argent dans des proportions inconnues jusqu'à ce jour ?

Les capitaux qui avaient déserté l'Espagne, à la suite des événements de 1868 disparurent complétement en 1873 sous le coup de la menace du cours forcé du papier-monnaie.

Des décisions, nécessaires peut-être, mais toujours peu propres à ramener la confiance, finirent par faire perdre complétement son crédit au Trésor. A l' avénement du pouvoir actuel, et au milieu des sympathies et des éspérances qu'il inspirait à tous, les nationaux aussi bien que les étrangers tout en offrant abondamment leurs capitaux, demandaient avec insistance le remboursement de ces capitaux, là où ni les dangers du cours forcé, ni ceux de l'arbitraire administratif ne pouvaient rendre illusoires ni l'intégrité des capitaux ni l'efficacité des garanties.

Les oscillations constantes de nos changes favorisaient la sortie des espèces métalliques et aggravaient la crise monétaire qui, se greffant sur une situation fort difficile, forçait le Trésor à négocier ses valeurs de façon à faire face à des charges fort variées. Cela a été obtenu en neutralisant, dans la limite du possible, les oscillations du change, en augmentant la masse métallique, sans oublier pour cela de se procurer les grandes ressources exigées par la guerre.

La partie de la Dette du Trésor qu'il est le plus urgent aujourd'hui de payer, et qui est représentée par des traites et des *pagarès* à courte échéance en est la conséquence. Voici des détails :

170,279,618 piècettes, traites, pagarès et délégations en faveur de la Banque nationale, qui ne peuvent jamais constituer pour le Trésor qu'une charge éventuelle, exigible en partie ;

137,074,007 *pagarès* en faveur des particuliers, tirés sur la Caisse centrale, somme inférieure à celle qui figurait au budget à une autre époque et au même chapitre de la Dette flottante.

193, 476, 369 piécettes, en traites à la charge de la Commission des finances à Paris, dont un peu plus de la moitié provient des capitaux réellement étrangers, et le restant des capitaux nationaux.

Le Trésor a compté aussi sur les produits des remplacements militaires, qui lui ont fourni une ressource extraordinaire d'une grande importance, applicable, d'après des décisions antérieures, à l'armement et à l'équipement de l'armée.

Pour pouvoir se rendre compte des sacrifices que la guerre a fait subir au pays, il est utile de constater que, depuis juillet 1873 jusqu'à ce jour, le produit des remplacements s'élève à 135,343,207 de piécettes

Quand on a décidé l'émission des 1,500 millions des dettes 3 °/₀, on a annulé les billets du Trésor et les billets hypothécaires existants, qui servaient auparavant de garantie aux prêts.

La Dette du Trésor n'a pas souffert de retard dans ses payements; celle qui comprend les traites, *pagarès* et autres valeurs comprises sous la dénomination de *Dette flottante*, ne souffre aujourd'hui aucune difficulté de payement à l'échéance, tantôt en espèces, tantôt par renouvellement des traites, *pagarès*, etc., au gré des créanciers. On peut en dire autant de la partie qui comprend les emprunts effectués sur les produits des revenus publics, dont la perception directe est à la charge des prêteurs, aussi bien que les avances faites par la maison Fould, avec garantie d'obligations d'acheteurs de biens nationaux.

L'amortissement et le payement des intérêts des récépissés au porteur de la Caisse des dépôts, fort en retard pendant quelque temps, s'ils ne sont pas à jour, ne comptent plus qu'un semestre d'arriéré.

Le Trésor fournit journellement à la Caisse des remplacements militaires un escompte sur ces crédits, de sorte que cette caisse peut subvenir assez régulièrement à ses besoins ; plus de 8 millions de piècettes que la Caisse des dépôts lui devait, ont été déjà remboursés.

Dans l'exercice courant, on libérera le premier dixième de l'emprunt national forcé, payable en dix annuités, avec le produit des contributions directes, et pour le remboursement duquel aucune règle, aucune disposition n'avaient été édictées.

Les deux séries de bons du Trésor sont amorties au fur et à mesure que les acheteurs des biens nationaux effectuent le payement de leurs acquisitions, le Trésor devant amortir directement le 5 °/₀ de la totalité de ces bons qui, quoique négociés, ne se trouvent pas en circulation. Tous leurs intérêts ont été payés et continuent à l'être, avec une certaine lenteur, au moyen d'appels quotidiens des créanciers;

le semestre qui finit le 30 juin 1875 est déjà en voie de paiement. L'amortissement direct, réservé aux bons qui en ont le droit, s'effectue actuellement pour la partie correspondante à décembre 1875.

Les retours par recettes indues sont trop insignifiants pour avoir droit à une mention spéciale.

On paye de la meilleure manière possible, et avec plus ou moins de célérité, les récépissés d'emprunts sur des charges réglées qui figurent au débit des exercices fermés, ainsi que les amortissements de coupons faits au moyen d'enchères publiques. On peut en dire autant des autres charges du budget et des autres crédits. Il est à constater qu'il ne pèse sur elles aucune suspension, ni opposition de paiement qui puissent les placer dans une situation tout à fait particulière, exception faite de ce qui est dû au clergé pour la période antérieure au 1er janvier 1875, pendant laquelle son budget particulier ne figurait pas au budget général.

Questions relatives à la Dette du Trésor.

Une fois la marche suivie dans la gestion du Trésor franchement et succinctement exposée, il reste à traiter les questions qui dépendent de la Dette, ainsi que les décisions à prendre pour la transformer convenablement.

Toutes les fois que la Dette du Trésor a atteint des proportions bien moindres même que celles qu'elle a en Espagne, les finances de tous les pays et de toutes les époques ont eu recours à la consolidation, ce qui veut dire que cette Dette est transformée en une autre qui n'oblige qu'au paiement des intérêts, et quelquefois à une amortissement ou à un remboursement à une époque déterminée par l'État, qui se trouve ainsi délivré de toutes réclamations et difficultés pressantes. Si nous avions un signe de crédit consolidé, ou ce qui revient au même, de rentes perpétuelles, ou bien encore si la dette 3 °/₀ était cotée à un taux approchant de celui qu'elle a eu en des temps meilleurs, la solution la plus simple du problème de la Dette du Trésor consisterait à la convertir en consolidée, en portant au chapitre du budget qui la concerne le montant annuel qui y correspond.

De cette manière le gouvernement put, en 1844, libérer le Trésor des difficultés qui pesaient sur sa Dette. Cette opération eut lieu et l'on convertit en Dette perpétuelle, avec une dépense moyenne de 8 °/₀ d'intérêts annuels, toute la Dette nationale.

Notre Dette perpétuelle est-elle aujourd'hui a un taux raisonnable pour effectuer la conversion de la Dette du Trésor dont les conditions présentes exigent la transformation? Certainement non, car personne ne peut supposer ni même indiquer la conversion de la Dette du Trésor en Dette perpétuelle, à raison de six capitaux de celle-ci pour un de celle-là, ou, ce qui revient au même, l'acceptation d'une immense obligation portant intérêt annuel de 18 °/₀, qui répondrait à la cotisation actuelle de la Dette consolidée.

Il pourrait se faire qu'en créant un nouveau signe de rentes perpétuelles qui, en raison des conditions privilégiées dont il pouvait être entouré, conquît sur le marché une haute valeur, il fût possible d'opérer la conversion de la Dette du Trésor avec un intérêt modique et acceptable. Cette combinaison aurait l'avantage d'épargner un fonds d'amortissement fort considérable, qui serait exigé par toute autre formule entraînant l'existence de ce fonds. Cette idée ne peut être ni affirmée ni niée, avant de connaître l'effet que peut produire sur les porteurs de la Dette consolidée actuelle, la solution à donner à ce problème. Dans cette alternative, la marche la plus logique est d'essayer de donner à la Dette du Trésor un débouché spécial qui, d'un côté, lui assure le remboursement intégral des capitaux et des intérêts, et, d'un autre côté, soulage notablement le Trésor, ce qui au bout de quelques années favoriserait tous les créanciers en général.

Toutes ces considérations engagent le gouvernement à transformer la Dette du Trésor, dont les ressources et les dates de remboursement ne sont pas définies, en une catégorie de valeurs entourées de toutes les garanties désirables ; on évitera ainsi le besoin d'augmenter le capital de la Dette transformable dans une proportion plus large que celle que la Dette possède aujourd'hui.

Cette transformation consisterait à créer des séries d'obligations au porteur basées sur le produit des contributions et des revenus dont la perception et le recouvrement seraient remis pendant 12 ans entre les mains de la Banque nationale et de la Banque hypothécaire. Ces établissements de crédit mettraient en réserve une partie de ces recettes avec laquelle ils constitueraient un fonds qui leur permettrait de garantir le payement qu'ils feraient directement à l'intérieur et à l'extérieur des intérêts et des amortissements des nouvelles obligations qu'on propose de créer, pour rembourser avec aisance la Dette flottante, but de cette combinaison.

Une opération ainsi combinée, donnerait deux résultats évidemment avantageux : l'un serait d'éviter les complications d'une Dette pressante, exigible à courte échéance, faite dans des conditions fort onéreuses; l'autre d'arriver à payer l'intérêt et le capital de cette Dette avec ce que coûte maintenant son entretien.

Il est facile de comprendre que le Gouvernement ne se propose pas de mettre en vigueur cette transformation sans respecter la liberté d'action des créanciers pour l'accepter, s'ils la jugent convenable, ou la rejeter s'il leur semble autrement. Si les créanciers n'admettaient pas cette solution, le Trésor obtiendrait en négociant les obligations émissables, les moyens de payer les traites et les *pagarès* que ses créanciers possèdent aujourd'hui, ainsi que de payer la partie de la Dette pour laquelle sont insuffisants les reliquats des contributions, l'excédant, les impôts, et des pagarès, des biens désamortis, une fois couverts les intérêts et l'amortissement des bons du Trésor et des billets hypothécaires de la Banque d'Espagne.

Montant des annuités qui doivent figurer dans le budget comme affectées à la Dette du Trésor.

Si on effectuait une opération de cette nature, suffisante pour couvrir : la Dette flottante actuelle, représentée par des traites, *pagarès* et effets à courte échéance garantis pour la plupart; la partie des services du budget que le reliquat réalisable des revenus et des contributions ne suffit pas à solder; le reliquat composé de *pagarès* d'acheteurs de biens désamortis, une fois l'amortissement et l'intérêt des billets hypothécaires de la Banque d'Espagne et des bons du Trésor payés; l'annuité exigée par les services des intérêts et de l'amortissement d'un capital de 580 millions de piècettes serait de.... 70,000,000

L'annuité des intérêts et de l'amortissement du prêt sur les produits des mines de mercure, monte à........ 3,750,000

Celle payable à la ferme du Timbre, avec les valeurs provenant de ses revenus. 6,800,000

Celle de MM. Fould, garantie par des pagarès d'acheteurs de biens nationaux.... 2,575,000

Celle de la Caisse des Dépôts pour les récépissés au porteur qui proviennent des Dépôts volontaires........ 5,199,370

Celle de l'Emprunt national remboursable avec le produit des Contributions directes 14,878,500

Crédit nécessaire pour subvenir aux avances qu'exige le service de la Trésorerie, qui est celui qui doit constituer la Dette flottante........ 7,500,000

Total des crédits qui doivent être affectés à la Dette du Trésor dans le budget de 1876-77........ 110,702,870

Les crédits qui précèdent ne comprennent pas : la Dette pour les bons en circulation; celle de la Caisse des Dépôts pour le tiers du 80 % du produit des ventes des biens nationaux; celle de la Caisse de remplacement militaire, pas plus que celle du Clergé pour le retard jusqu'à fin décembre 1874. Ils comprennent seulement une partie des charges du budget non encore soldées.

Voici les motifs qui ont guidé le gouvernement :

1° Les émissions des bons du Trésor doivent être limitées à une somme égale à celle représentée par ceux qui sont en circulation; tous ceux qui sont consignés aujourd'hui devront être retirés et annulés aussitôt qu'ils reviendront au gouvernement. On parvient ainsi à avoir un service d'amortissement et de payement d'intérêts des bons qui circulent avec la solde des *pagarès* d'acheteurs des biens des amortis, une fois les déductions ci-dessus faites.

2° La Caisse des Dépôts doit aux municipalités une certaine somme pour le tiers du 80 °/₀ de leurs biens vendus; cette somme doit être soldée de la même manière que le sont les deux autres tiers, c'est-à-dire en inscriptions de la Dette consolidée 3 °/₀, au taux fixé.

3° Ce que le gouvernement doit à la Caisse du remplacement militaire doit être remboursé avec les produits successifs des remplacements qui auront lieu, et cela en vertu d'un engagement contracté avec cet établissement.

4° Les reliquats du Clergé jusqu'à la fin de 1874 devraient être transférés à la Dette de l'État, sous la même forme que celle adoptée pour d'autres crédits analogues.

5° Quant aux charges générales du budget et autres découverts moins importants, ils pourraient être soldés, sans rien affecter au budget actuel ni aux suivants, au moyen des reliquats des contributions et revenus, et de l'excédant restant des *Pagarès* des acheteurs des biens désamortis, une fois soldé le montant de l'amortissement et des intérêts des billets hypothécaires de la Banque d'Espagne et des bons du Trésor. Ils figureront cependant au budget, en vertu de la loi de comptabilité administrative, en qualité d'exercice clos.

En résumant tout ce qui a été exposé sur la manière de faire face à la Dette du Trésor, on voit qu'à ce titre le budget des dépenses de l'exercice 1876-77 mentionnerait des crédits affectés aux obligations de cette nouvelle Dette, s'élevant à.. 110.702.870

Comme il a été déjà dit auparavant, qu'une fois les dépenses générales de l'État soldées, exception faite de celles attribuables à la Dette publique et aux dépenses extraordinaires de guerre, il pourrait résulter un excédant qui s'élèverait à.................... 110.659.279

On serait en droit de s'attendre à un déficit de.. 42.891

Dette de l'État.

C'est en arrivant à cette partie des finances publiques qu'on trouve le plus grand écueil de la situation financière de l'Espagne, écueil infranchissable jusqu'à un certain point. L'impossibilité pour l'Espagne de remplir intégralement les engagements qu'elle a contractés sous ce rapport, se trouve prévue et annoncée d'avance, puisque le paiement des intérêts et de l'amortissement de la Dette consolidée 3 °/₀, ainsi que le service des amortissables portant intérêts sont suspendus à partir du 1er juillet 1874, jusqu'à ce qu'on parvienne à une entente commune avec les porteurs de ces Dettes, au sujet de la réduction des intérêts qui leur sont assignés.

Bien longtemps avant cette époque, les difficultés éprouvées pour payer avec régularité les semestres, qui n'étaient couverts qu'aux dépens de nouvelles émissions du capital de la Dette, tout en ne payant en espèces que le total de certains coupons, et en papier-monnaie une partie d'autres coupons, démontraient que le jour était proche où il serait absolument impossible de subvenir à une charge aussi sacrée, d'une manière en rapport avec les exigences de l'État.

La dernière guerre civile étant survenue juste au moment où les difficultés financières étaient déjà considérables, a eu pour effet de rendre celles-ci infiniment plus grandes; cela se comprend par le fait que les dépenses militaires ont exigé par extraordinaire beaucoup plus que ce qui représente une annuité d'intérêts et d'amortissement de la Dette. On peut ainsi affirmer que les ressources du Trésor, diminuées par la baisse de ses revenus et du produit des impôts, tandis que les charges ordinaires du service public continuaient à exister, donnaient, comme résultat, un déficit presque égal à la somme représentée par les dépenses extraordinaires de guerre ajoutées au montant des intérêts et de l'amortissement de la Dette de l'État.

La liquidation du paiement des crédits des corporations civiles provenant du désamortissement de leurs biens, ainsi que le solde de subventions accordées aux Compagnies de chemins de fer, dont on n'avait jamais tenu compte pour estimer l'augmentation successive de la Dette publique, multipliait d'un autre côté les difficultés dans une large proportion. En outre, l'élimination des intérêts et de l'amortissement des Dettes consolidées et amortissables, ordonnée par le décret du 26 juin 1814, qui ne décidait pas si les intérêts et les amortissements cesseraient d'être une charge de l'État, dont il faudrait tenir compte plus tôt ou plus tard, ajoutée aux trois semestres échus fin décembre dernier, et au quatrième courant, expliquent suffisamment le développement exagéré pris par le capital de la Dette et l'importance si considérable des intérêts qu'elle exige.

L'administration, en décidant le 26 juin 1874 qu'il fallait en arriver avec ses créanciers à un arrangement basé sur la réduction des intérêts, comptait évidemment sur ce que la fin immédiate de la guerre, ainsi que le rétablissement absolu de l'ordre public, la mettraient en mesure de fixer, en connaissance de cause, le montant de la réduction ; elle comptait, en même temps, subvenir d'une façon complète aux différentes charges de l'État, et remplir exactement les clauses stipulées dans cette convention faite avec ses créanciers.

Malheureusement, la guerre, en se prolongeant trop longtemps, a rendu bien plus fortes dans sa dernière période surtout, les dépenses antérieures, et elle les fait durer même après la conclusion de la paix. Voilà pourquoi l'administration actuelle, manquant d'un point de départ pour connaître définitivement la situation exacte des finances, n'a rien fait pour renouer avec ses créanciers les négociations relatives à la réduction de l'intérêt.

Peut-on décider actuellement à combien se monte, en capital et intérêts, la Dette de l'État, soit qu'on considère celle qui est définitivement liquidée ou convertie, soit qu'on regarde celle qui ne l'est pas encore ? Nullement.

Il y a un ensemble de crédits qui, quoique ayant des termes de liquidation et de conversion fixés, sont d'un calcul immédiat impossible à effectuer, a moins d'adopter des formules tout-à-fait différentes des formules actuelles; d'autres crédits ne sont pas encore payés, mais l'État a contracté l'obligation de les régler à mesure que les services auxquels ils se rapportent seront rendus effectifs; à d'autres enfin il manque les dispositions qui doivent régler le mode et le type du paiement.

Il faut éclaircir tous ces problêmes au préalable si on veut essayer de décider quelque chose de sûr et définitif; il faut donc les aborder pour procéder en connaissance de cause, ainsi que nous allons essayer de le faire,

Fin juin prochain, l'État devra 4 semestres de la Dette consolidée et des Dettes amortissables avec intérêts; leur ensemble s'élève à 533,428,982 pièccettes,

Depuis 1840, époque à laquelle une autre guerre civile avait déjà été cause de la suspension du paiement des intérêts de la Dette, ce découvert a été comblé, tantôt en Dette consolidée et tantôt en Différé, consolidée plus tard.

En 1840 les paiements eurent lieu en convertissant au pair, en capital consolidé, le capital-coupons et c'est dans ce but que le 3°/₀ a été créé. En 1851 on commença par convertir en Dette différée, consolidée ensuite, la moitié du capital-coupons; mais la deuxième moitié de ce capital ayant été ensuite reconnue et payée, le capital-coupons fut encore réellement payé et consolidé au pair. En 1872, quand on eut besoin de payer en Dette consolidée le tiers des coupons, le paiement se fit sur le cours de 50 °/₀. Récemment quand il s'est agi de payer les 70 °/₀ des 3 coupons de la Dette extérieure échue fin juin 1874, on a attribué à la consolidée une valeur de 40 °/₀, d'où est résultée une proportion de 100 coupons pour 250 de consolidés.

Ces antécédents étant donnés, sous qu'elle forme faut-il payer les coupons des 4 semestres en question?

Ce point doit être décidé par la convention avec les créanciers qui est encore à effectuer; sans rien préjuger cependant, le Gouvernement prendra comme point de départ, pour calculer l'importance de l'ensemble du capital et des intérêts de la Dette publique, l'hypothèse que, pour ne pas augmenter le capital nominal de la Dette, on attribue aux coupons en question un intérêt annuel de 6°/₀ ce qui équivaudrait à leur affecter le double de leur valeur en Dette consolidée 3 °/₀.

On a dit que les arriérés du Clergé jusqu'à la fin de 1874 pourraient être transférés à la Dette de l'État. Prenant aussi comme point de départ une hypothèse, et les assimilant aux coupons, on leur attribuerait aussi un intérêt annuel de 6 °/₀.

Les corporations civiles reçoivent, pour la partie de leurs biens désamortis, le montant effectif versé par les acheteurs de ces biens et converti en inscriptions 3 % au change de la cote du jour. Mais il y a une autre partie de leurs biens dont la liquidation n'est pas encore effectuée, et dont il est beaucoup plus difficile d'exprimer la valeur en Dette 3 %. En outre plusieurs municipalités sont créancières du tiers du 80 % du montant de la vente de ces biens, qui est rentré à la Caisse des Dépôts. Si cette fraction devait leur être payée, en l'assimilant au produit des ventes, déjà converti en inscriptions 3 % de Dette consolidée, il faudrait en faire immédiatement la liquidation. Il est donc fort difficile de calculer combien toute cette Dette en faveur des corporations civiles peut représenter en dette 3 %, puisque sa conversion en consolidée dépend d'un grand nombre de changes, cours et sommes différentes. Il faut, donc, si l'on veut préciser le montant de la Dette de l'État, adopter un terme général et commun qui puisse servir de régulateur à l'égard de tous les crédits des corporations civiles, quelle que soit l'époque où le produit de la vente de leurs biens ait été versé au Trésor.

En 1858, et pour ce qui a rapport aux ventes effectuées jusqu'à cette date, les inscriptions furent cédées aux corporations civiles au change de 40 %, c'est-à-dire que 100 réaux de leurs crédits leur furent remplacés par 250 réaux nominaux d'inscriptions.

En 1859, on adopta le taux variable de la cote journalière, comptant sur ce que l'État ne devait pas renoncer à l'avantage d'améliorer son crédit, ce qui, à cette époque et pendant quelques années encore, se réalisa en effet, puisque le change s'éleva à plus de 53. Le gouvernement eut alors déjà l'idée d'établir un type fixe de 55 % pour le règlement des crédits des municipalités. Ce type a baissé successivement depuis lors jusqu'à ce que dans ces derniers temps, le 3 % est arrivé à se coter au-dessous de 12 %; il est inutile d'insister pour prouver combien serait onéreuse pour l'État une liquidation avec les corporations civiles, puisque la valeur effective de leur crédit serait échangé avec un signe complétement déprécié par le fait même de la suspension de ces paiements.

On pourrait choisir un terme moyen de conciliation qui consisterait à adopter pour la liquidation de ces crédits le change fixe de 40 %, auquel s'effectuerait la consolidation.

Ce type, que quelques-uns jugeront exagéré et nuisible aux corporations, ne leur porte réellement aucun préjudice. La grande baisse de la Dette se dessine à partir de 1868 ; jusqu'alors, le change varie entre 53 et 32 %. Ensuite la baisse continue jusqu'à 12 % ; en acceptant de semblables cours pour les remises à faire aux Corporations celles-ci auraient, dans certaines occasions, à percevoir un capital en 3 %, huit fois plus fort que le capital effectif.

Il faut néanmoins avoir égard à ce que les Bons du Trésor négociés même à 40 % ayant été acceptés en paiement effectif à partir de 1869, les prix obtenus par ces biens aux adjudications sont bien plus élevés que si les acheteurs avaient eu à les régler en espèces; car ils faisaient monter les prix en comptant sur ce qu'ils régleraient avec une monnaie ayant comme valeur réelle la moitié de sa valeur de compte. Il est juste que l'Etat obtienne une compensation par le grand bénéfice qu'il fit obtenir aux corporations civiles et que celles-ci acceptent cette limite de prix fixée à la Dette consolidée qu'elles doivent recevoir en paiement de leurs biens.

Il faut aussi décider toutes les questions et les inconvénients qui se rattachent à la forme actuelle du paiement aux Compagnies des Chemins de fer des subventions de toute sorte qui leur ont été accordées. Il est inutile de chercher à présenter aucune estimation sérieuse de la Dette générale de l'Etat, puisqu'on laisse ouvert un débouché par lequel s'écoulent journellement les émissions d'Obligations de Chemins de fer pour le compte de l'Etat, qui augmentent le capital de la Dette et dépriment le crédit public.

Le manque de traditions et de système dans la direction des Finances a été cause, que ce qui devait être un jour un élément de richesse pour l'Etat, devint une des plus lourdes charges qui l'obèrent aujourd'hui.

Au moment où la construction des lignes ferrées fut commencée l'Etat, lui prêta son concours et pour stimuler les Compagnies, les aida au moyen de subventions, leur accordant des franchises de Douane. L'importance de ces subventions exigeait que les fonds qui les composaient fussent relevés par le crédit, et c'est pour cela qu'on fit appel à une émission de Titres portant 6 % d'intérêt avec 1 % d'amortissement ; on était en droit d'espérer que cet intérêt et cet amortissement constitueraient la seule charge que l'Etat eût à supporter. Pendant quelque temps l'idée réussit admirablement, puisque ce papier fut accepté souvent au pair par les Compagnies. Plus tard et pendant une courte période, dans le but de procéder à l'unification de la Dette, l'Etat employa des Titres 3 °/₀ au lieu des Obligations 6 °/₀.

Pendant les premières années, la franchise des Douanes ne diminuait en rien les recettes du Trésor, puisque les paiements effectués par les Compagnies pour matériel introduit, n'existaient qu'à l'état de formule et n'avaient jamais constitué de recettes réelles pour le Trésor.

Plus tard on remarqua que, sous le couvert de cette franchise, on commettait des abus. Tout le matériel, libre de droits, qui était importé, n'était pas exclusivement destiné aux travaux, mais faisait l'objet d'un certain commerce et prêtait à de grandes fraudes.

Pour parer à ces inconvénients on adopta en 1864 la mesure suivante : les Compagnies payeraient en effectif aux Douanes les droits d'importation du matériel introduit, mais ces droits seraient comptés comme une nouvelle subvention accordée aux Compagnies pour la construction de ses travaux. On les rembourserait à ces Compagnies en obligations de l'Etat, sous la forme des subventions directes.

Ce système était évidemment basé sur l'hypothèse rationnelle que les obligations émises et appliquées à ce but atteindraient presque le pair et que par conséquent la perte pour le Trésor serait nulle ou insignifiante. Mais, la dépréciation du Crédit national entraînant avec lui ces obligations à des cotes inférieures à 20 °/₀, et considérant que, si le matériel était réellement importé, les droits de Douane s'élèveraient à une perception directe supérieure à 30 °/₀, il est évident qu'il faut rechercher les moyens de mettre un terme à une situation aussi onéreuse.

Il existe encore d'autres inconvénients, outre ceux qu'on a signalés, attachés à la subvention des Compagnies au moyen d'émissions en papier, sans tenir compte de la dépréciation de celui-ci. Des décisions législatives récentes, ont accordé aux Compagnies des indemnités de tant par kilomètre, dont les 50 °/₀ seraient payables en obligations de l'Etat, et seraient considérées comme prêts remboursables, outre la subvention consistant dans la franchise des droits du fisc. Puisque les Compagnies acceptent à ce taux un papier qu'elles se sont vues obligées de négocier à moins de 20 °/₀ peut-être, et dans tous les cas à un prix inférieur à celui de 50 °/₀ qui leur est compté, il est probable que ces avances ne seront pas remboursées, car il sera difficile, quelque productives que soient ces entreprises, que leurs bénéfices leur permettent de payer d'aussi énormes différences.

Dorénavant, quand il y aura lieu d'accorder de nouvelles concessions de Chemins de fer avec des subventions directes, il faudra chercher et fixer les moyens de le faire en évitant les inconvénients qui se sont déjà produits; il faudra du reste en tenant compte des franchises de droits de Douane accordées aux Compagnies, suivre en tout la méthode antérieure au décret du 26 juin 1864.

Pour ce qui a rapport aux concessions déjà faites et pour faciliter la liquidation et l'estimation approximative des indemnités et des subventions déjà accordées, sauf, bien entendu, les arrangements que les Compagnies pourraient accepter, il serait convenable d'admettre le taux de 40 °/₀ pour la valeur des obligations représentant des subventions directes, ainsi que les subventions additionnelles consistant en franchise des droits de Douane; les indemnités seraient soumises au change de 50 °/₀ qui constitue la valeur des obligations, et cela en vertu des lois du 2 juillet 1870 et du 15 novembre 1872.

Enfin parmi les questions qui se rapportent à la Dette de l'État et qu'il faut résoudre si l'on veut se mettre en mesure de fixer et son capital et ses intérêts annuels, se trouvent : celle de la reconnaissance et liquidation des anciens crédits litigieux compris dans le règlement de 1851 et payés en consolidés; celle de la conversion d'autres crédits litigieux également compris dans ce règlement et qui, quoique complètement liquidés, n'ont pas été présentés à la conversion, ou exigent de la part des créanciers des constatations de personnalité qui n'ont pas encore été effectuées.

Les décisions prises relativement à la péremption des crédits de cette sorte, dans le but de parvenir à leur épuration totale, n'ont pas été assez efficaces; le moment est donc arrivé, de mettre un terme à un semblable état de choses, si propice aux abus, en déclarant d'ores et déjà périmés les crédits, liquidés et non convertis qui n'ont pas encore été présentés jusqu'à ce jour, ainsi que ceux qui ont été présentés mais dont les propriétaires ne puissent pas, dans un délai de 4 mois qui sera fixé ultérieurement, justifier de leurs droits de personnalité; il faudra aussi déclarer périmés les crédits, non encore reconnus ni liquidés, si les intéressés ne peuvent pas produire dans un même délai de 4 mois les preuves de personnalité exigées par le règlement ou réclamées par l'administration. Ces mesures mises en pratique, on peut être certain que ces crédits qui, actuellement figurent pour 353 millions de piècettes sur les tableaux de la Dette publique, seraient réduits à moins de la moitié; c'est donc cette moitié qui constituera l'augmentation de la Dette consolidée en circulation aujourd'hui.

Calcul des Capitaux et des intérêts de la Dette de l'État.

Les questions préalables relatives à la Dette de l'État auxquelles il a été fait allusion ainsi résolues, on peut calculer en détail son importance totale, aussi bien sous le point de vue des capitaux que sous celui des intérêts annuels que le Trésor sera obligé de payer. En voici les détails :

	Capitaux	Intérêts annuels.
Dette des États-Unis 5 o/o	3.000.000	150.000
Dette perpétuelle extérieure 3 o/o	4.107.760.700	123.232.821
Dette intérieure 3 o/o en y comprenant les titres au porteur, les inscriptions intransférables des particuliers et des corporations civiles, ainsi que les rentes viagères	3.942.353.350	118.270.600
Actions et Obligations émises pour la construction des routes et travaux publics rapportant 6 o/o, en circulation	31.484.000	1.889.040
Obligations de l'État provenant des subventions des Chemins de fer 6 o/o en circulation	551.825.500	33.109.530
Pour la Dette qui résultera de la reconnaissance, liquidation et conversion en 3 o/o des Crédits compris dans les règlements de 1851, en tenant compte des diminutions provenant de la perception...	260.000.000	7.800.000
Coupons des quatre semestres échus et à échoir de la Dette extérieure 3 o/o, en leur accordant 6 o/o d'intérêt	246.465.642	14.787.938
Coupons des mêmes quatre semestres de la Dette intérieure de toute nature	286.963.340	17.217.800
Crédits des corporations civiles non encore liquidés ni convertis, provenant de la vente de leurs biens, au taux de 40 o/o, payables en 3 o/o	586.231.260	17.586.938
Obligations provenant de subventions accordées aux Compagnies de chemins de fer, non encore payées	243.749.852	14.624.991
Crédits pour les arriérés du Clergé, jusqu'à fin 1874, auxquels on attribue un intérêt de 6 %	100.000.000	6.000.000
Total	10.359.833.644	354.669.658

Les intérêts de la Dette des États-Unis 5 % étant payés par les caisses coloniales, son montant ne figure que pour mémoire sur le budget de la Péninsule; les considérations et décisions dont il s'agit ne se rapportent donc pas à la somme insignifiante que cette représente.

Mode de règlement de la Dette de l'État.

L'annuité énorme qu'il faut payer, comme intérêt de la Dette de l'État, représente à elle seule plus de la moitié de l'ensemble des dépenses de l'État et de la Dette du Trésor réunies. On se rend immédiatement compte de l'impossibilité où est l'Espagne de payer intégralement cette annuité, puisqu'il n'existe ni voies ni moyens, même en conservant toutes les charges extraordinaires imposées par la guerre, d'augmenter les ressources de l'État jusqu'au chiffre nécessaire pour régler la somme énorme exigée par ce paiement. Il faut tenir compte que ce qui doit être attribué aux intérêts de la Dette du Trésor doit y figurer, et que personne n'est en droit d'exiger qu'une nation ruinée par tant de troubles, de guerres et de malheurs, et qui n'a pas eu le temps de réparer ses pertes, soit appelée à consacrer au paiement de ses créanciers, la presque totalité des ressources dont elle peut disposer actuellement.

Mais si des motifs, qui sont à la portée de tout le monde, empêchent de payer intégralement une telle somme d'intérêts annuels, la suspension des paiements qui existe depuis deux ans ne peut pas non plus continuer.

Il est aussi impossible de réunir les sommes nécessaires pour payer intégralement les intérêts, qu'il est impossible d'abandonner complétement une affaire dans laquelle l'honneur de la nation se trouve engagé. Il faut, donc, réunir une assemblée des créanciers, d'où sortira une convention capable de concilier et les ressources de l'État et les exigences des porteurs de titres.

Quelques réflexions prouvant qu'il est mpossible de faire davantage avec des ressources insuffisantes, ne seront pas déplacées ici.

S'il s'agissait d'une annuité d'intérêts beaucoup moins considérable que celle dont il s'agit, il ne serait pas si difficile d'arriver à une entente commune des deux parties; mais l'annuité est si énorme, et les limites dans lesquelles on peut encore forcer aujourd'hui les impôts, si restreints et si disproportionnés au montant des intérêts, que la difficulté est presque insoluble, et en conséquence toutes les solutions proposées doivent sembler dures et pénibles. Cependant, dans les situations qui, comme celle-ci, manquent de formule, il faut en présenter une, quand même elle n'aurait qu'un caractère hypothétique; c'est dans ce but que le ministre soussigné présente aux Cortès le projet suivant, dont tous les termes sont acceptables sans être définitifs, et sans que leur énoncé puisse choquer en rien la libre initiative des créanciers de l'Espagne.

Le gouvernement pose de la manière la plus formelle les principes suivants : 1° il est décidé à reconnaître le montant intégral du capital représentatif de la Dette; 2° à payer immédiatement et avec toute sécurité la part des intérêts qui sera fixée par la convention, et cela d'une manière transitoire, jusqu'à ce que, grâce à l'action d'un amortissement considérable, la diminution du capital permette qu'on rétablisse le paiement intégral de l'intérêt assuré par le gouvernement.

Dans toutes les occasions où les nations ont éprouvé, comme nous aujourd'hui, le besoin de régler ses rapports avec leurs créanciers, plusieurs projets tendant à ce but ont été présentés.

Les uns veulent mettre de côté l'intérêt et appliquer toutes les ressources à l'amortissement du capital, jusqu'à ce que celui-ci soit réduit à une somme telle que l'État puisse, sans difficulté ni inconvénient d'aucune sorte, payer le montant intégral des intérêts. D'autres veulent, au contraire, que ce soit l'intérêt seul qui soit payé et accru graduellement au moyen d'une augmentation permanente.

La première de ces méthodes offre aux yeux du gouvernement l'inconvénient que, malgré que cet arrangement serait avantageux pour les porteurs de la Dette, qui l'ont achetée à des cours analogues aux cours actuels, elle serait fort onéreuse et préjudiciable pour ceux qui ont acquis la Dette à des cours excessivement ou relativement supérieurs aux cours actuels. Si les ressources applicables à l'amortissement de la Dette pouvaient la maintenir dans une situation supérieure ou égale aux cours d'achat, l'amortissement successif élèverait ses prix et fournirait par conséquent des bénéfices immédiatement réalisables à ceux des porteurs qui auraient pu l'acquérir à des taux aussi avantageux.

Mais les créanciers qui ont acheté à des cours supérieurs et dans bien des cas excessivement plus élevés que ceux auxquels le système d'amortissement des capitaux pourrait amener la Dette, seraient obligés d'attendre, pendant de longues années, avant d'approcher des prix auxquels ils ont acquis leur papier.

Quant au second système qui consiste à ne payer qu'un intérêt au moyen d'une échelle plus ou moins différée, il oublie que, puisque le capital doit être conservé intact, un jour arriverait où au moment de totaliser les intérêts, on parviendrait à un chiffre plus élevé, dont la conséquence serait de faire renaître les mêmes conflits actuels, amenés alors par l'impossibilité de payer en entier l'annuité des intérêts d'un capital aussi complétement hors de proportion avec les ressources de l'Espagne, quelque fortunées que pourraient devenir ses destinées.

Il y a un type pour régler l'intérêt auquel on pourrait s'arrêter, qui ne peut guère être moindre et qu ne peut être plus fort, si on ne veut pas se trouver dans l'impossibilité de le payer. Ce type est le tiers de l'intérêt actuel.

La somme applicable à l'amortissement, qui serait de 25 millions de piècettes pendant les premières années, subirait l'année suivante des augmentations importantes provenant du fait de la diminution subie par les capitaux amortis annuellement, des grands moyens qui pourront un jour concourir à l'extinction de la Dette du Trésor, et d'autres ressources que l'avenir fera connaître.

Cette méthode a, sur les autres déjà exposées, l'avantage de fournir aux créanciers un revenu immédiat qui sera plus ou moins élevé suivant le prix auquel ils auront acquis les capitaux; ceux qui les ont achetés au cours le plus bas obtiendront de suite un intérêt relativement raisonnable et verront leur capital bonifié par l'action de l'amortissement; ceux qui les ont achetés à des prix relativement hauts, n'ont déjà plus à attendre, privés de tout revenu petit ou grand, que les cours élevés par l'amortissement placent leur crédit aussi près que possible du prix auquel ils en ont fait l'acquisition.

Si les créanciers acceptaient cette proposition, s'ils se contentaient de ne toucher que le tiers de l'intérêt actuel, ainsi que l'intérêt qui vient d'être indiqué pour les Coupons et autres Crédits, et si on fixait à 25 millions de piècettes l'annuité d'amortissement, voici quel en serait le résultat :

Le capital probable de la Dette étant de 10,359,833,644, l'annuité intégrale des intérêts serait de 354,669,658 piècettes; le tiers de cette somme s'élèverait annuellement à 118,223,220 piècettes qui, ajoutées aux 25 millions de piècettes consacrées à l'amortissement, donneraient un total de 143,223,220 piècettes ; il faut compter en plus 1,375,000 piècettes qui doivent, d'après les dispositions en vigueur, être affectées à l'amortissement de la Dette du personnel et du matériel qui ne figure pas sur le tableau précédent.

Ressources nouvelles nécessaires pour le réglement de la Dette de l'Etat.

Pour parvenir à ce réglement, quand les contributions, impôts et revenus existants ne suffisent qu'à couvrir les dépenses générales de l'Etat et celles de la Dette du Trésor, les pouvoirs publics sont inévitablement obligés de voter et d'accorder des nouvelles ressources nécessaires, pour montrer leur ferme décision de ne rien omettre qui puisse servir à relever le crédit de la Nation.

Le cadre des contributions, impôts et revenus de l'Espagne, n'admet aucune projet sérieux de nouveaux impôts capables à eux seuls de donner un rendement qui puisse remplir, même partiellement, les engagements contractés envers les créanciers de l'État.

Dans notre système tributaire se trouvent représentées toutes les formes de contribution qui sont pratiquées et maintenues dans toutes les autres nations ; l'indication de nouveaux impôts en dehors de ceux qui existent, ne pourrait donc être qu'une ressource irréalisable où un expédient rendu chimérique par l'exiguité de ses résultats.

Il est donc absolument nécessaire d'obtenir les recettes qui manquent au moyen des impôts actuels. Ceta étant, le gouvernement n'a pas trouvé de système moins compliqué, plus facile et plus positif que celui d'augmenter le type de la contribution foncière; d'augmenter également, celui de l'octroi, en élevant le cas échéant, le montant des taxes assignées aux catégories; d'obtenir des tabacs une augmentation de ressources, sans exagérer pour cela les tarifs, les actuels étant fort bas, relativement au prix d'achat des matières premières et aux frais de fabrication; d'augmenter les impôts sur quelques revenus mobiliers, frappant de ces impôts d'autres revenus qui en sont exempts aujourd'hui, malgré uc cette exemption ait été décrétée antérieurement; d'augmenter l'escomptedes charges de justice, des traitements, des pensions, en les faisant peser aussi sur les émoluments du Clergé, qui du reste s'empressera de contribuer à alléger les charges de l'État, étant donné la pénurie du Trésor. Il est douloureux, aujourd'hui que l'impôt foncier ordinaire et extraordinaire s'élève à 21 °/° au profit de l'État, et que les budgets municipaux peuvent surcharger encore cet impôt de 4°/₀ ou plus d'être obligé d'ajouter à ces charges 2 °/₀.

Le Gouvernement aurait voulu conserver les types actuels pour la répartition de l'octroi sans les augmenter de 25 °/₀ malgré que cette somme soit fort supportable à cette répartition étant donné la somme si modique qui est attribuée.

C'est avec un profond regret que le Gouvernement se voit obligé d'augmenter l'escompte sur les traitements administratifs, ainsi que de les rendre applicables aux émoluments du Clergé.

La situation est pourtant si pénible et les créanciers de l'État seront obligés de leur côté de faire des concessions si grandes, que le Gouvernement ne voit pas moyen d'éviter les charges qu'il se propose d'imposer, quelques lourdes qu'elles soient.

Malgré toutes ces surcharges, imposées aux contribuables, le tiers des intérêts de la Dette de l'État ne pourra être payé qu'à partir du 1er janvier 1877 et l'amortissement ne commencera pas avant le 1er janvier 1879; quant aux coupons échus fin décembre 1876, il faudra aussi les régler de la même manière que ceux des 4 semestres précédents, ce qui augmentera de 138 millions le capital de la Dette portant intérêt; le capital s'élèvera, donc, définitivement à 10,498,190,889 piècettes, dont les intérêts 3 °/₀ seraient de 362,949,000 et le tiers 120,983,000 piècettes.

Résultats généraux du budget de 1876-77, y compris les Obligations de la Dette et les nouvelles ressources qui doivent être votées.

Le Budget général de l'État pour 1876-77, établi en conséquence de ce long rapport, en dehors du budget extraordinaire de la Guerre et du budget spécial du produit des biens désamortis et des dépenses et obligations qui y sont affectées, donnera dans son ensemble les résultats suivants :

Dépenses.

	PIÉCETTES.
Maison royale	9.500.000
Corps législatifs	1.054.076
Dette de l'État	61.870.182
Id. du Trésor	110.702.870
Charges de Justice	3.208.473
Retraites et pensions	45.242.202
Présidence du Conseil des ministres	1.104.776
Ministère des Affaires étrangères	3.359.788
Id. de la Justice	53.389.812
Id. de la Guerre, ordinaire	125.209.130
Id. de la Marine	32.693.725
Id. de l'Intérieur	24.996.459
Id. des Travaux publics	48.863.350
Id. des Finances	133.262.224
	654.457.067

Recettes.

Contributions directes....................................	274.394.600
Contributions indirectes,....................................	170.767.500
Timbre, Tabacs, Loteries et autres services en Régie..........	197.047.727
Revenus du Domaine....................................	14.298.767
Recettes coloniales....................................	5.000.000
Ressources spéciales du Trésor..............................	2.000.000
Balance..	663.508.594
Total des Dépenses..............................	654.457.067
Id. des Recettes..............................	663.508.594
Différence...........	9.051.527

Le Budget extraordinaire de la Guerre s'élèvera à 18.443.362 piècettes, somme qui sera couverte par le produit des Obligations à émettre pour faire face à diverses charges du Trésor.

Le Budget spécial, qui comprendra les Dépenses et les Recettes provenant de la vente de biens désamortis, sous cette réserve, que les Bons qui sont encore propriété du Trésor seront retirés de la circulation et annulés à mesure que le Trésor les affranchira des consignations auxquelles ils se trouvent actuellement appliqués, et que l'on adoptera pour les ventes futures des biens en question, un système qui évite des nouvelles émissions de Dette 3 %, afin d'éviter des nouvelles émissions de rente 3 %, donnera à son tour le résultat suivant :

Dépenses..	40.875.950
Recettes..	40.875.950
	Totaux égaux.

CONCLUSIONS

Si les créanciers de l'État, convaincus de l'impossibilité absolue où l'on est de faire mieux en leur faveur, se mettaient d'accord pour percevoir provisoirement 1/3 des intérêts et constituer un fonds de réserve de 25 millions de piécettes pour l'amortissement annuel, sans préjudice de l'augmentation, possible à l'avenir, du taux de l'intérêt et du fonds d'amortissement ; si les Cortès accordaient les nouvelles charges dont il a été fait mention et, qu'avec elles on réalise pendant l'exercice prochain un budget de recettes passant 650 millions, dans ce cas, le problème financier des budgets se bornerait à : 1° réduire les dépenses militaires aux limites de leur ancien chiffre, qui ne dépassait guère 100.000.000 de piécettes ; 2° créer et obtenir des recettes plus fortes, pour une somme un peu supérieure à 70 millions de piécettes, au moyen des améliorations possibles à introduire dans les méthodes actuelles, tributaires et administratives.

Il n'est nullement hasardeux d'assurer que ce problème ne sera pas d'une solution si difficile dans un petit nombre d'années, si l'ordre public devient une conséquence des désirs de progrès de la nation et si l'on organise une administration intelligente, active et morale dont l'action élève la valeur des rentes jusqu'au point qu'elles peuvent et doivent atteindre, en prenant comme type, pour le dépasser toujours, les taux les plus élevés atteints par elles dans les temps passés, en même temps qu'elle maintienne dans les limites des assignations budgétaires, les diminuant à l'occasion, les dépenses de toute espèce. Dans de telles conditions, on est en droit d'espérer que dans quelques années, la nation et ses finances se relèveront de l'épuisement qui les empêche de remplir actuellement les engagements contractés envers leurs créanciers, engagements que les Pouvoirs publics ne doivent pas oublier, si l'honneur national veut être mis à couvert.

Il faut constater aussi qu'aucune des nations modernes n'a passé par une crise financière pareille à celle qui frappe si malheureusement la nôtre.

Celle subie par l'Angleterre en 1840, dont la solution rendit célèbre un ministre de l'époque, ne comportait qu'un déficit de 4 millions de livres sterling sur un budget de 40 millions de livres sterling de Recettes, c'est-à-dire un découvert de 10 %. Là, ni les propriétés territoriale, industrielle et commerciale, ni les bénéfices et revenus d'autres provenances n'étaient imposés directement, et il suffit de rétablir un impôt aboli et durement qualifié quelque temps auparavant par le même ministre, pour qu'une nation aussi riche que la Grande-Bretagne parvînt à faire disparaître ce déficit relativement insignifiant.

La France, à la suite de sa guerre avec l'Allemagne, guerre qui, quoique coûteuse, fut de courte durée, et ne détruisit pas sa grande prospérité antérieure, s'est vue en face d'un déficit s'élevant approximativement au sixième de ses recettes; il a suffi d'augmenter les anciens impôts et d'en introduire de nouveaux, dont le rendement est considérable, malgré le peu d'importance de la taxe, pour parvenir, au bout de quelques années, à rétablir l'équilibre du budget, bien que sur des bases qui ne sont peut-être pas complétement solides.

L'Italie, se trouvant en face d'un déficit plus important que celui de ces deux nations, mais inférieur à celui qui pèse sur la nôtre, s'est vue obligée, mettant de côté des égards et des préjugés de toute sorte, d'augmenter d'année en année ses ressources; actuellement, après une longue période, elle semble près d'atteindre l'équilibre des dépenses et des recettes.

Peut-on prétendre que l'Espagne, en guerre continuelle depuis un siècle, à l'extérieur aussi bien qu'à l'intérieur, avec une insurrection encore debout en Outre-Mer, en face d'un déficit qui dépasse de la moitié les ressources qu'elle vient de se créer, puisse tout-à-coup et comme par miracle se trouver en état de faire face à ses obligations, le lendemain de la fin de la guerre civile?

L'exiger serait insensé, et on ne peut pas demander à ses Gouvernements, quelle que soit l'école politique et économique à laquelle ils appartiennent, que de faire ce qui est à la portée de la science et de la volonté des hommes.

Le Gouvernement avait une tâche difficile à remplir en exposant aux Cortès l'état des Finances et en leur soumettant le Budget de l'année prochaine. Le Gouvernement n'est pas certain d'avoir réussi dans ses efforts pour éclaircir un sujet aussi complexe; mais il croit avoir mis dans l'accomplissement de ce devoir tout le zèle, le patriotisme et la rectitude dont il est animé. Il a pu se méprendre au sujet des mesures qu'il a proposées comme solutions du problème économique, mais il a la conviction qu'il les a présentées avec la franchise et la vérité qui sont indispensables dans la situation suprême où se trouve le Pays.

Il ne cherchera pas à imposer ses idées, sous aucun prétexte. Il sera le premier à accepter celles qui lui sembleront plus avantageuses; ce que le Gouvernement souhaite surtout c'est de voir ses mesures mériter un accueil bienveillant des Cortès, n'ayant cherché dans ses projets qu'à assurer tout ce qui peut être favorable à l'Etat.

Cet exposé étant pris en considération, le Ministre soussigné, autorisé par S. M. et d'accord avec le Conseil des Ministres, a l'honneur de soumettre à l'approbation des Cortès les projets de loi ci-joints.

Madrid, le 22 avril 1876.

Le Ministre des Finances,
PEDRO SALAVERRIA.

Projet de Loi du Budget.

ART. 1er. — Les dépenses publiques ordinaires de l'Etat, pour l'Exercice 1876-77, sont fixées à 654,457,067 de piècettes, suivant l'état A, ci-joint.

Art. 2. — Les recettes ordinaires de l'Etat, pour l'Exercice 1876-77, provenant des Contributions, Impôts, Revenus et Droits de l'Etat sont évaluées à 663,508,594 piècettes, selon l'état B, ci-joint.

Art. 3. — Les frais extraordinaires de guerre sont fixés à 18,443,362 piècettes, suivant l'état C, dont le montant sera couvert par le produit des Obligations à émettre par la Banque nationale d'Espagne et la Banque hypothécaire, conformément au projet de loi relatif au Règlement de la Dette du Trésor.

Art. 4. — Les recouvrements des produits de la vente de Biens nationaux sont calculés pour le même Exercice à 40,875,950 piècettes; et les dépenses, qui peuvent être imputées aux mêmes biens pour intérêts et amortissements, en 40,875,950 de piècettes, suivant détail de l'état D, ci-joint.

L'excédant des intérêts des Bons en circulation sur la somme qui serait perçue en effectif pour les ventes de Biens nationaux, sera couvert, en cas de besoin, par le produit de la négociation de *pagarès* dont les échéances soient postérieures à la date de l'amortissement des Bons.

Art. 5.—Les recettes provenant du remplacement militaire, encaissées par le Trésor public, seront exclusivement affectées à ce service spécial; le Conseil d'Administration de la Caisse des Remplacements sera, au préalable, remboursé par le Trésor des prêts faits antérieurement à la présente date; les autres recettes seront versées à la Caisse des Dépôts pour faire face aux engagements arriérés et courants que ce Conseil doit remplir d'après ses règlements.

Art. 6. — La somme qui sera imposable pendant l'Exercice courant pour la Contribution foncière reste fixée à 180,700,000 de piècettes, dans lesquelles sont comprises la taxe ordinaire, l'extraordinaire de guerre et les surcharges pour frais de recouvrement et autres établis par des dispositions antérieures. Ladite somme sera distribuée entre les provinces et les villes, proportionnellement à leur richesse imposable, sans que dans aucun cas l'imposition puisse dépasser 23 % des produits nets.

Les surcharges que les municipalités pourront imposer sur la taxe fixée par le Trésor ne pourra, en aucun cas, dépasser 4 % de la richesse imposable.

Le Trésor prend à sa charge les frais de recouvrement provenant de l'Enregistrement et de la répartition des Contributions, ainsi que ceux résultant de la vérification des réclamations pour dommages, et de l'entretien du personnel et du matériel des Commissions d'évaluation qui seront constituées dans chaque chef-lieu.

Le montant des Contributions de perception impossible, qui résultent dans le relevé de chaque arrondissement figureront l'année suivante à la répartition entre les Contribuables de la même ville. Cette répartition sera formalisée au moment où aura lieu la perception des sommes définitivement réparties.

Le gouvernement est autorisé à prendre toutes les mesures qu'il croira utiles pour l'établissement de nouvelles contributions sur la richesse territoriale et mobilière, et à décréter les peines les plus sévères contre ceux qui ne feraient pas la déclaration exacte de leurs biens imposables.

Art. 7. — Les contributions indirectes actuelles seront considérées obligatoires pendant trois ans, avec une augmentation de 25 %. Les municipalités pourront élever les Tarifs des droits à percevoir dans une proportion égale, exception faite du vin, l'alcool, les liqueurs, les boissons alcooliques et le sel, qui resteront soumis aux droits anciens.

Art. 8. — L'impôt sur les traitements des fonctionnaires, revenus et pensions sur l'État, sera perçu de la manière suivante : les fonctionnaires en activité de service, y compris ceux de la Maison royale, payeront :

Jusqu'à concurrence de 1.500 piècettes inclusivement, 15 %;

A partir de 1.501 jusqu'à 10.000 inclusivement, 20 %;

A partir de 10.001, l'impôt sera de 25 %.

Les militaires en activité continueront à payer l'impôt actuel; tous les employés en disponibilité payeront un impôt de 25 %.

Moyennant des mesures spéciales, le Clergé fera donation à l'État du quart de ses émoluments.

Les charges de Justice subiront une imposition de 25 % au lieu de l'impôt ordinaire et extraordinaire qu'elles supportent actuellement. L'impôt sur les intérêts des billets hypothécaires de la Banque d'Espagne et les valeurs de la Caisse de Dépôts sera élevé à 10 %. Le même impôt sera prélevé sur les intérêts des bons du Trésor, première et deuxième séries.

Art. 9. — Le gouvernement est autorisé :

1° A réformer les Tarifs de la contribution des patentes, de manière à pouvoir faire droit aux réclamations dont l'expérience aura démontré la justice, sans que pour cela les recettes totales que le Trésor est en droit d'obtenir, soient diminuées ; à traiter avec les corporations municipales de l'établissement de listes de contributions, afin d'assurer les Recettes annuelles les plus fortes que jamais ait rendu la susdite contribution, attribuant aux Conseils municipaux la moitié du montant des augmentations qu'on obtiendra sur le maximum énoncé. Il pourra afermer par adjudication publique à des particuliers le recouvrement des impôts dont il est question, sous les conditions indiquées.

2° A affermer au partage et aux enchères publiques les salines de Torrevieja, exigeant des fermiers une somme égale au moins au produit annuel le plus élevé obtenu pendant les années antérieures.

3° A élever le tarif de vente des Tabacs dans une proportion qui permette d'obtenir de ce revenu au moins le rendement qui lui est assigné dans le budget des recettes.

4° A varier les taux et les conditions administratives de l'impôt sur la vente d'objets mobiliers, établis par décret du 26 juin 1874.

5° A exonérer des contributions échues des années précédentes les villes qui en feraient la demande, accompagnée des pièces justificatives de calamité publique, en observant toutefois les prescriptions en vigueur.

6° A exempter du paiement de l'impôt de consommation ou octroi, après les justifications nécessaires, les villes et provinces qui par suite de l'état de guerre où elles se sont trouvées pendant l'année économique de 1874-75 et du soulèvement et occupation carlistes, n'ont pas pu établir cet impôt en temps opportun.

7° A réformer les droits des permis de chasses et des ports d'armes, en adoptant en même temps d'autres dispositions administratives qui concilient les intérêts du Trésor avec ceux de la sécurité publique.

Art. 10. — Le Gouvernement pourra se mettre d'accord avec les municipalités au sujet de l'impôt sur les certificats d'identité, en introduisant dans les tarifs les modifications qu'il jugera convenables, pour obtenir des valeurs plus fortes que celles obtenues jusqu'à ce jour.

Art. 11. — Le Gouvernement est autorisé, tout en conservant les bases des impôts sur les droits royaux et les transmissions de biens établies par la loi du 26 décembre 1872, appendice C, à introduire dans leur développement et leur application les réformes que l'expérience a démontré être indispensables aux intérêts des contribuables et du Trésor public. Sont déclarés en conséquence exempts d'impôts les contrats de transmission des temples destinés au culte de la religion catholique, ceux d'acquisition de terrains que les municipalités, les provinces et l'État feront pour l'élargissement de voies publiques ainsi que ceux qui auront pour objet la fusion de Compagnies concessionnaires de chemins de fer. Les prêts qui, soit par suite d'une action exécutoire provenant des intéressés, soit à cause de l'absence de pièces justificatives dont la présentation ne puisse pas dépendre de la volonté des parties contractantes, ne sont pas remboursés le jour de l'échéance, seront considérés comme remboursés en temps opportun pour les effets de l'impôt.

Art. 12. — Le Gouvernement réformera les Tarifs consulaires en réduisant les charges qu'ils imposent au commerce et à la navigation.

Art. 13. — Les répartitions de l'emprunt national décrété en 1873, dont le recouvrement n'aurait pas été effectué à la date de la présente loi, seront considérées comme annulées et ne seront plus exigibles.

Art. 14. — L'impôt de navigation établi par l'art. 11 du décret du 26 juin 1874, sur les chargements pris par les navires dans les ports, sera, pour les minerais de fer, du quart de celui qui se trouve fixé par l'article en question, et cela d'après la taxe de tonnage.

Les taxes locales établies sur l'exportation dudit minerai seront annuelles, à partir de la publication de la présente loi.

ART. 15. — Est également supprimé le droit perçu actuellement par les Douanes sous la dénomination de contribution indirecte sur tous articles imposés dans les tarifs de l'octroi des villes de l'intérieur.

ART. 16. — Les réductions sur les droits de Douane qui auraient été faites dans les tarifs, ne seront pas imputées aux Compagnies concessionnaires de chemins de fer pour diminuer le montant des subventions en compensation de ces droits, avant qu'on introduise des réformes dans les tarifs.

ART. 17. — L'impôt extraordinaire sur les produits nets de la richesse minérale établi par l'art. 9 du décret du 2 octobre 1873 et ses surcharges correspondantes, sont et demeurent supprimés. A leur place, et à partir du 1er juillet 1876, une surcharge de 25 % sera exigible sur le montant des redevances minières.

Le Gouvernement pourra, s'il le juge utile, affermer cet impôt sous la forme indiquée pour le fermage des salines de Torrevieja.

ART. 18. — Les taux de toutes les contributions et impôts qui ne sont pas réformés d'une manière spéciale et déterminée par la présente loi, sont considérés en vigueur pour l'exercice 1876-77 y compris les surcharges extraordinaires établies par la loi du 26 juin 1874.

ART. 19. — Les contribuables, dont les Dettes seront éteintes au moyen d'adjudication de propriétés à l'Etat, pourront annuler ces adjudications dans le terme d'un an, compté dès le lendemain du jour où celle-ci à eu lieu. Les contribuables dont les dettes auraient été payées au moyen du procédé indiqué, pourront faire usage du même droit dans le terme d'un an, à dater du lendemain du jour de la promulgation de la présente loi. Le droit spécial pour exercer ce retrait est transmissible aux héritiers ou aux lieu-tenants des contribuables susdits, mais aucun d'eux ne pourra le faire valoir contre les acheteurs en troisième main qui auraient acquis les propriétés dont il est question aux enchères publiques, suivant les formalités prescrites par la loi et les instructions du Ministère des Finances. Dans tous les cas, le retrait concédé implique l'obligation du paiement de la dette principale, les frais de saisie et les intérêts correspondant au retard, à raison de 6 %

ART. 20. — La période pendant laquelle les fonctionnaires en disponibilité seront employés au service des délégations crée pour effectuer la liquidation avec la Banque d'Espagne, en ce qui a trait à la perception des contributions, ainsi que les périodes pendant lesquelles ces fonctionnaires seront chargés de commissions relevant du Ministère des Finances, seront comptées comme services actifs pour les pensions de retraite.

ART. 21. — Les fonctionnaires pensionnés qui rempliraient des charges dans la Maison du Roi, et dont les appointements sont payés par le Trésor en vertu de la loi du 28 février 1873, cesseront de jouir de leur pension pendant tout le temps qu'ils seront au service personnel du Roi.

ART. 22. — A dater du 1er juillet 1876, la suspension de paiement des pensions aux enfants de chœur et aux frères-lais cessera, et les arriérés en seront payés dans la forme adoptée pour ceux du Clergé en général jusqu'à la fin de 1874.

ART. 23. — Les amendes que les contribuables auraient encourues pourront être remises par le Gouvernement, sauf les droits réserves aux dénonciateurs en cas d'occultation.

ART. 24. — Les dispositions contenues dans les états A et D ci-joints font partie intégrale de la présente loi.

Madrid, le 22 avril 1876.

Le Ministre des finances,
PEDRO SALAVERRIA.

RÉSUMÉ DE L'ÉTAT A.

BUDGET DES DÉPENSES DE L'ÉTAT PENDANT L'EXERCICE 1876-77.

Charges générales de l'État.

		PIÉCETTES.
Section 1re. — Maison Royale	9.500.000	
— 2e. — Corps législatifs	1.054.076	
— 3e. — Dette publique	172.573.052	
— 4e. — Charges de Justice	3.208.473	
— 5e. — Pensions et Retraites	45.242.202	
		231.577.803

Services des départements ministériels.

Section 1re. — Présidence du Conseil des Ministres	1.104.776	
— 2e. — Ministère des Affaires étrangères	3.359.788	
— 3e. — Id. de la Justice	53.389.812	
— 4e. — Id. de la Guerre	125.209.130	
— 5e. — Id. de la Marine	32.693.725	
— 6e. — Id. de l'Intérieur	24.996.459	
— 7e. — Id. des Travaux publics	48.863.350	
— 8e. — Id. des Finances	133.262.224	
		422.879.264
		654.457.067

RÉSUMÉ DE L'ÉTAT B.

Budget des voies et moyens de l'État pour l'exercice 1876-77.

	PIÉCETTES.
Contributions directes	274.394.600
Contributions indirectes et ressources éventuelles	170.767.500
Timbre et manufactures de l'État	197.047.727
Domaine	14.298.767
Recettes coloniales	5.000.000
Indemnités de guerre — Maroc	2.000.000
	663.508.594

RÉSUMÉ DE L'ÉTAT C.

Budget des dépenses extraordinaires de guerre de l'exercice 1876-77.

	PIÉCETTES.
Services généraux de la Guerre	16.681.317
Exercices clos	1.762.045
	18.443.362

ÉTAT D.

Budget spécial.

	PIÈCETTES.
Recettes provenant des ventes des biens désamortis	40.875.950
Dépenses se rapportant aux produits de ces ventes....................	40.875.950
	Balance.

Projet de loi pour le règlement de la Dette du Trésor.

Art. 1. — Pour subvenir au remboursement de la Dette du Trésor, garantie et non garantie, représentée par des *pagarès*, des traites et autres effets, et qui n'a pas de mode de paiement déterminé par des décisions antérieures ; pour payer la dette provenant des services du budget 1875-76, et des antérieurs non encore soldés, exception faite des traitements du Clergé, jusqu'à la fin de 1874, paiements que les arriérés encaissables des contributions et revenus publics, ainsi que l'excédant des pagarès des biens désamortis, ne seront pas suffisants à effectuer, une fois couverts le capital et les intérêts des bons et des billets hypothécaires de la Banque nationale d'Espagne ; ainsi que pour solder le budget extraordinaire de la Guerre de 1876-77, le Ministre des Finances passera avec la Banque nationale d'Espagne une convention aux conditions suivantes :

I° La Banque continuera pendant 12 ans, à partir du 1er juillet prochain, la perception des contributions foncières et des patentes, en se soumettant aux règlements en vigueur pour cette perception, ainsi qu'à ceux que l'expérience a démontrés ou démontrera comme étant les plus convenables.

II° La Banque réservera nécessairement chaque année une somme, qui ne sera pas moindre de 40 millions de piècettes, et ne dépassera pas 70.

III° Sur le produit de cette réserve, qui se constituera au moyen de la perception trimestrielle, la Banque et le Trésor public émettront des obligations, portant 6 %, d'intérêt annuel et amortissables par tirages trimestriels, pour une somme de 330 à 380 millions de piècettes nominales.

IV° Les intérêts des obligations amorties iront grossir le fonds d'amortissement, en sorte que, dans une période de 12 ans, toutes les obligations seront totalement remboursées.

Les obligations seront payables à Madrid ou dans les succursales de la Banque ; le Ministre des Finances désignera le nombre de celles pour lesquelles un service d'intérêts pourra être établi à l'étranger.

V° La Banque percevra une Commission pour dédomagement des frais que ce service lui imposera. Le Trésor lui paiera également les frais de change et autres, résultant du paiement des obligations qui seraient à effectuer à l'étranger, et cela suivant des relevés que la Banque enverra par trimestre.

VI° Les titres 3 % et les Bons du Trésor qui se trouvent aujourd'hui en dépôt à cette Banque et à la Banque de France, seront consignés à l'ordre de la Banque d'Espagne, à titre de garantie subsidiaire, à mesure que la négociation de ces obligations permettra de rembourser les traites et pagarès dont ces titres constituent la garantie.

VII° Au fur et à mesure que la Banque amortira les obligations, elle remettra au Trésor des titres et des Bons pour une somme pareille, lesquels seront définitivement annulés.

Art. 2. — Le Ministre des Finances pourra passer aussi une convention avec la Banque hypothécaire d'Espagne, lui confiant la perception des droits de Douane pendant une période de 12 ans; la Banque conservera en réserve une partie des recettes ainsi obtenues, qui ne dépassera pas 30 millions de piècettes par an. Sur cette somme la Banque et le Trésor public émettront des Obligations pour 250 millions de piècettes nominales, dont l'intérêt et les conditions d'amortissement seront identiques à celles mentionnées dans l'article précédent, au sujet des Obligations émises par la Banque d'Espagne.

Si la Banque hypothécaire émet ces Obligations, on consignera, comme garantie subsidiaire, à l'ordre de cette Banque, les titres de la Dette 3 °/₀ et les Bons consignés par le Trésor à la Banque d'Espagne et à celle de France, en garantie des traites et pagarès du Trésor qui soient remboursées avec le produit des Obligations émises avec la Banque hypothécaire sur les revenus des Douanes. La Banque hypothécaire percevra une commission pour ces services et sera remboursée des frais de change et autres, résultant du paiement à l'étranger des Obligations qui puissent s'y trouver, frais dont elle présentera tous les six mois le relevé,

Art. 3. — Si le contrat dont il est question dans l'article précédent est passé avec la Banque hypothécaire, l'émission d'Obligations qui pourra être faite par l'intermédiaire de la Banque d'Espagne, ainsi que la réserve des Contributions encaissées par elle, se limiteront à la somme correspondante à l'émission effectuée par la Banque hypothécaire.

Art. 4. — Le Ministre des Finances, après avoir consulté le Conseil des Ministres, opérera dans la forme qu'il jugera la plus avantageuse, la plus économique et la plus sûre dans l'intérêt de l'Etat, la négociation des Obligations émises par ces Banques en vertu de la présente loi, sans que, sous aucun prétexte, on puisse consacrer leurs produits à d'autres paiements que ceux qui sont consignés dans l'article 1er ; les traites et pagarès du Trésor seront payées les premières.

Le Gouvernement rendra compte aux Cortès de l'usage qu'il compte faire des autorisations que lui confèrent les articles précédents.

Art. 5 — Les deux émissions des Bons du Trésor auront pour limites les chiffres de ceux qui sont définitivement négociés et se trouvent en circulation, à la date de la promulgation de cette loi ; les autres Bons seront annulés au fur et à mesure que le Trésor les retirera des consignations où ils se trouvent actuellement. L'amortisation des Bons négociés, ainsi que les paiements des intérêts qu'ils doivent produire jusqu'à leur annulation complète, se feront au moyen des pagarès des acheteurs de biens nationaux existant à ce jour ; les pagarès nécessaires pour amortir définitivement les billets hypothécaires de la Banque d'Espagne, seront retirés préalablement à cette opération.

Une fois l'amortissement et les intérêts de ces Bons et de ces billets hypothécaires couverts, le restant du produit des pagarès sera attribué au paiement des obligations en suspens du budget 1875-1876, et de celles des budgets antérieurs, qui ne pourraient pas être soldées ni par les arriérés réalisables des contributions et revenus publics, ni par les autres ressources affectées à ces obligations par l'article 1er.

Art. 6. — La Dette du Trésor résultant du capital provenant du tiers du 80 °/₀ de leurs biens dû par la Caisse des dépôts aux municipalités, ainsi que les arriérés du Clergé jusque fin 1874, seront englobés dans la Dette de l'État, et réglés d'après le mode prescrit par une loi spéciale en date de ce jour.

Art. 7. — La somme due par le Trésor à la Caisse du remplacement militaire sera couverte par les recettes qui, de ce chef, seront encaissées à partir de ce jour.

Madrid, le 22 avril 1876.

Le Ministre des Finances
Pedro Salaverria.

Projet de loi pour le règlement de la Dette de l'État.

Art. 1er. — La Dette consolidée 3 °/₀ intérieure et extérieure, ainsi que les dettes amortissables 6 °/₀ provenant des travaux publics et des subventions des Chemins de fer, produiront, à partir du 1er janvier 1877, après accord préalable avec les créanciers de l'État, un intérêt égal au tiers de leurs intérêts actuels.

La convention avec les créanciers portera ainsi que le montant effectif des cinq coupons de ces Dettes, échus et appartenant aux semestres écoulés du 1er juillet 1874 au 31 décembre 1876, qui sont considérées comme Dette 6 %, ne produiront, à partir du 1er janvier 1877, que le tiers de leur intérêt total, soit 2 % par an.

Les émoluments du Clergé qui se rapportent à la période antérieure au 1er janvier 1875, seront liquidées et assimilées aux coupons des cinq semestres susnommés.

Art. 2. — A partir du 1er juillet 1879, 25 millions de piècettes seront réservés annuellement à l'amortissement des capitaux des Dettes comprises dans l'art. 1er. Cette somme sera augmentée successivement :

1° Du montant des intérêts des capitaux qui seront amortis à partir de cette date.

2° D'une partie des annuités des Dettes du Trésor, au fur et à mesure de l'extinction de ces Dettes.

3° Des sommes en espèces provenant des ventes du Domaine réalisées à l'avenir.

4° Des autres ressources qui pourront ultérieurement être affectées à ce service.

Le fonds d'amortissement sera applicable aux dettes désignées dans l'article 1er en proportion à leurs capitaux respectifs et à l'intérêt que chacun rapporte.

Art. 3. — Sans préjudice de l'augmentation qui pourrait être donnée ultérieurement au tiers de l'intérêt signalé présentement à la Dette de l'État, suivant l'art. 1er, à partir du 1er juillet 1889 il sera bonifié une moitié dudit intérêt, soit un demi pour cent par an à la Dette consolidée 3 p. %, et trois pour cent aux autrès.

L'intérêt fixé au moment de l'émission sera payé en entier, quand, par effet de l'amortissement, le capital se trouvera réduit jusqu'au point qu'une somme de 180 millions de piècettes par an suffise à satisfaire intégralement ses intérêts. En ce cas, on décidera quelle devra être la part du fonds d'amortissement qui sera maintenue pour continuer à éteindre le capital de la Dette.

Art. 4. — Les crédits qui résulteront en faveur des corporations civiles, provenant du produit des ventes de leurs biens, faites jusqu'à ce jour, et qui, suivant la loi du 1er avril 1869, doivent être soldés en inscriptions de la Dette 3 p. % intérieure, de même que les crédits qui résulteront à faveur des municipalités, provenant du tiers du capital de 80 % de leurs propriétés, versé à la Caisse des Dépôts, se liquideront, et seront convertis en inscriptions de la Dette 3 % intérieure, au change fixe de 40 %, soit à 250 piècettes en inscriptions par 100 piècettes dues; sont supprimées, par conséquent, toutes les dispositions antérieures, aujourd'hui en vigueur, qui seraient contraires à celles qui précèdent.

Les ventes des biens désarmortis de corporations civiles, auront lieu à l'avenir en espèces, et leur produit sera employé nécessairement à l'achat de la Dette 3 % pour le compte et en faveur des corporations respectives.

Art. 5. — Les subventions concédées jusqu'à ce jour aux Compagnies de chemins de fer, soit à titre de subventions directes ou additionnelles équivalentes à la franchise des droits de Douane, soit à titre de prêts, et que, par l'effet des dispositions en vigueur et des pratiques administratives, se paient actuellement en Obligations de l'État, à 6 % d'intérêt et un pour cent d'amortissement, se liquideront, sans préjudice des conventions stipulées par le Gouvernement avec les Compagnies, sous la forme suivante :

Les subventions directes et celles équivalentes aux droits de Douane, au change fixe de 40 %, valeur des obligations.

Les subventions, à titre d'aide, au change fixe de 50 %, valeur des obligations, suivant les dispositions des lois du 2 juillet 1870 et 15 novembre 1872.

Les émissions d'obligations pour subventionner des nouvelles entreprises de travaux publics devront cesser.

Dans les concessions qui pourraient être faites à l'avenir, autorisées par les lois, les Compagnies jouiront des subventions équivalentes aux franchises des droits de Douane, dans la forme en vigueur antérieurement à la loi du 25 juin 1864; c'est-à-dire, au moyen de *pagarès*, souscrits par les Compagnies à faveur des Douanes, pour les droits du matériel qu'elles introduiront. Ces *pagarès* seront régularisés, au moyen de mandats qu'expédiera ultérieurement la Trésorerie du Ministère des Travaux publics, aussi tôt que les Compagnies auront justifié régulièrement de l'emploi du matériel.

Art. 6. — Les anciennes Dettes, en voie de reconnaissance, liquidation et conversion, comprises dans l'arrangement de 1851, se liquideront et seront converties en Dettes 3 °/₀ intérieure, aux taux fixés par les dispositions en vigueur; mais dans aucun cas les Dettes qui, suivant la loi dudit arrangement de 1851 devaient être liquidées et converties en Dette amortissable sans intérêt, ne pourront être converties en Dette consolidée 3 °/₀ que dans la proportion d'un capital de Dette amortissable sans intérêt pour un autre capital de Dette avec intérêt.

Tous les crédits anciens, compris dans l'arrangement de 1851, liquidés, et en voie de conversion en Dette 3 °/₀, qui n'auraient pas encore été présentés pour être convertis, seront déclarés périmés, s'ils ne l'étaient déjà en vertu de lois antérieures, dans le cas où ils n'auraient pas été présentés dans un délai, qui ne pourra plus être prorogé, de quatre mois, à partir du jour de la promulgation de la présente loi, et si on n'avait pas fait dans le même délai les justifications d'identité personnelle établies par les dispositions en vigueur.

Seront également périmés les crédits en voie de reconnaissance et liquidation compris dans l'arrangement de 1851, dans le cas où les intéressés ne compléteraient pas les informations d'identité personnelle établies actuellement. — L'article 11 de la loi du 28 février 1873 relative aux crédits de la Dette du personnel tombés en désuétude, est applicable à ces crédits.

Art. 7. — Un comité composé du Ministre des Finances, *président*; du Gouverneur de la Banque d'Espagne; d'un Conseiller d'État, d'un Conseiller à la Cour des Comptes, du Directeur général de la Dette publique, du Contrôleur général de l'Administration de l'État, d'un Sénateur et d'un Député, faisant partie de la Commission législative d'Inspection de la Dette publique, assurera, par ses délibérations, les paiements en espèces de l'intérêt et de l'amortissement de la Dette, avec exactitude et régularité.

Le même Comité adoptera la méthode d'amortissement la plus convenable, soit par des achats directs à la Bourse par l'intermédiaire d'un agent de change, soit au moyen d'enchères publiques.

Le même Comité surveillera l'emploi des fonds provenant des ventes de biens désamortis qui auront lieu à l'avenir, et les achats de la Rente 3 °/₀ qui, suivant l'art. 4, doivent être faits pour compte et au profit des corporations respectives.

Art. 8. — Le Gouvernement est chargé d'assurer l'exécution de la présente loi.

Madrid, le 22 avril 1876.

Le Ministre des Finances,
PEDRO SALAVERRIA.

Décret Royal.

D'accord avec le Conseil des Ministres, j'autorise le Ministre des Finances à présenter aux Cortès un projet de loi fixant Ma dotation, celle de la Famille Royale et l'extension et conditions légales du Domaine de la Couronne.

ALFONSO.

Le Ministre des Finances,
PEDRO SALAVERRIA.

Aux Cortès.

Conformément au principe constitutionnel, qui dispose que la dotation de la couronne soit fixée par une loi au commencement de chaque règne, un des premiers projets que le gouvernement doit soumettre aux Cortès est le suivant :

Les dotations assignées en Espagne aux souverains ont changé avec les époques et les circonstances. Pendant les derniers règnes, elles furent, sauf quelques interruptions, les suivantes :

De 1835 à 1844, 7 millions de piècettes par an ; de 1845 à 1868, 8 millions et demi ; de 1870 jusqu'en 1873, 7 millions.

La dotation que le Ministère-Régence attribua à S. M. le Roi Alphonse et qui lui est fournie actuellement, avec un caractère provisoire, est également de 7 millions de piècettes.

Les Princes des Asturies ont reçu, à une certaine époque, la dotation de 612,500 piècettes et de 500,000 piècettes pendant une autre période, et cela à titre de successeurs immédiats de la Couronne. Avant 1852, il avait été ajouté à ce dernier chiffre, la somme de 137,500 piècettes pour l'apanage attaché à la qualité d'Infant d'Espagne.

L'assignation provisoire faite à la Princesse actuelle est de 375,000 piècettes, jusqu'à ce qu'une loi la fixe d'une façon définitive.

La pénurie du Trésor, que personne ne déplore plus que S. M. le Roi, étant donnée, S. M. désirerait qu'on diminuât, au lieu de l'augmenter, la liste civile qui avait été provisoirement fixée par le Ministère-Régence. Le Gouvernement, considérant toutes les charges attachées à la dignité Royale et à son prestige ; attendu que la liste civile sert en grande partie à soulager l'infortune, à venir en aide au travail et à encourager les arts et les belles-lettres, jugerait convenable de rétablir l'ancienne dotation de 8,500,000 piècettes ; mais eu égard à ce que les besoins du Trésor exigent des fortes diminutions sur l'avoir des classes qui en dépendent, propose qu'au lieu de rétablir cette ancienne dotation, qui aurait à subir un escompte, on fixe définitivement à la somme de 7 millions de piècettes la dotation de S. M. C'est la même somme qui avait été fixée, pour ce service, à titre provisoire.

La Princesse des Asturies animée de ces mêmes sentiments désire, aussi, que sa dotation budgétaire, en qualité de successeur immédiat du Trône, ne s'élève pas à la somme de 612,500 piècettes qui, à ce titre, lui était attribuée précédemment ; et le Gouvernement, par des considérations analogues à celles indiquées ci-dessus, propose celle de 500,000 piècettes.

Ainsi fixés ces points principaux, qui doivent avoir un caractère permanent pendant le règne actuel, en ce qui concerne la dotation du Roi, des Princes des Asturies et des Infants d'Espagne, il fallait indiquer les sommes qui doivent être comprises dans le Budget de l'Etat, pour être attribuées aux dotations de LL. MM. le Roi Père, la Reine Mère et la Reine Christine.

Depuis la période de 1808 à 1818 le cas ne s'est pas présenté d'une situation semblable à celle où se trouvent actuellement LL. MM. la Reine Doña Isabel et le Roi Don Francisco de Asis. A l'époque mentionnée LL. MM. Don Carlos IV et Son Auguste Épouse, jouirent d'une dotation annuelle de 8 millions de réaux. La pénurie actuelle du Trésor ne permet pas, suivant l'avis du Gouvernement, d'appliquer à LL. MM. des assignations d'une pareille importance.

S. M. La Reine Doña Maria Cristina percevait, de 1833 à 1841, 3 millions de piècettes comme Régente du Royaume, suivant les lois budgétaires de ces temps-là. En vertu des dispositions de la loi du 1er septembre 1841, elle perçut, depuis cette dernière année jusqu'en 1845, la pension de 752,941 piècettes en qualité de douaire, et d'accord avec les stipulations de son contrat de mariage avec S. M. le Roi Don Fernando VII ; et, depuis 1845 jusqu'au mois de septembre 1868, elle eut l'assignation de 750,000 piècettes, inscrite au budget comme témoignage de reconnaissance nationale, S. M. ayant perdu le droit au douaire par suite de son second mariage.

Etant devenue veuve une deuxième fois, S. M. demande qu'on lui rende la pension à elle assignée par Don Fernando VII et dont elle a joui pendant plusieurs années. Cette réclamation devant suivre la marche administrative ordinaire, avant d'être soumise aux Cortès, qui prendront une résolution définitive, il faut, en attendant, assigner à S. M., une dotation qui cesserait naturellement si l'ancien douaire était rétabli.

Le Gouvernement voudrait bien proposer dans ce but le rétablissement de l'ancienne dotation de 3 millions de réaux en souvenir des services que S. M. a rendus au Trône légitime et aux institions constitutionnelles; mais, eu égard à la pénurie du Trésor que maintenant et pour longtemps encore impose à tous des privations, il juge qu'il doit être attribué à S. M. une assignation annuelle de 250,000 piècettes.

La totalité des sommes proposées est de 9,500,000 piécettes. Dans le budget de 1868, les sommes pour le même service s'élevaient à 11,462,500 de piécettes ; la diminution, même en y comprenant les pensions de retraite que le Trésor paye aux anciens serviteurs de la Maison royale, est d'environ 1,400,000 de piécettes.

En ce qui concerne le Domaine de la Couronne, le Gouvernement, secondant les désirs de S. M. le Roi, propose que les établissements ci-après continuent à ne plus faire partie du Domaine :

« Le Musée de peinture et de sculpture, dépendant aujourd'hui du Ministère des Travaux publics, le Buen Retiro, cédé à la ville de Madrid, le Site Royal de la Florida, aujourd'hui transformé en École centrale d'Agriculture, et le Palais-Royal de Valladolid destiné aux Tribunaux et dépendances de l'administration de justice. » — Parmi les divers établissements détachés du Domaine de la Couronne par la loi du 18 décembre 1869, les seuls qui sont proposés comme devant faire retour au Domaine, sont : « L'Armeria Real (Musée d'Artillerie), la Manufacture de tapis et la Alhambra. » Cela est exigé par la situation de ces établissements, et dans un intérêt de conservation historique et artistique.

Maintenant si, en ce qui concerne le nombre de maisons de plaisance et des propriétés royales, on veut adopter, comme règle générale, le dénombrement fait par la loi de 1869, à l'égard des limites qui doivent être signalées aux établissements qui font toujours partie du Domaine, il serait, sans doute, préférable, et même nécessaire, de revenir à l'état de choses de septembre 1868, autant que cela pourrait se faire encore, après les ventes nombreuses qui ont déjà eu lieu.

L'extension et les limites fixées aux diverses parties du Domaine par la loi susdite furent excessiment étroites, et, par cela même, on n'exécuta jamais rigoureusement ce qui avait été ordonné. L'expérience est venue, en outre, démontrer que les châteaux royaux, pour qu'ils soient bien entretenus et dûment conservés, ont besoin de plus d'ampleur et de facilités.

La restitution du Mont-de-Balsain à l'administration du domaine de San Ildefonso, et celle du Canal d'irrigation au domaine d'Aranjuez, propriétés toutes les deux qui ont une trop faible valeur pour être l'objet d'une vente en faveur de l'État, seront les conséquences principales de la reconstitution, dans ses anciennes limites, du Domaine de la Couronne.

Les conditions légales de ce domaine, ainsi que celles de la fortune privée des monarques, furent fixées d'une manière très-heureuse par le titre 2 de la loi du 12 mai 1865, et il ne s'agit pas d'introduire aucun amendement, ni modification.

Enfin, il y aurait à déterminer la manière de mettre un terme à certaines difficultés entre la Maison royale et l'État, au sujet de la liquidation de la partie du Domaine royal désamorti, qui, d'après la loi du 12 mai 1865, confirmée par celle du 18 décembre 1869, est resté réservée à la Famille royale, ainsi que les fonds, effets et valeurs existants dans la Trésorerie royale au 29 septembre 1868, et les dettes restées à sa charge.

Cette tâche peut être confiée à une commission mixte, chargée de réunir dans un bref délai les données propres à atteindre des résultats approchant le plus possible de la vérité, afin de pouvoir déterminer, d'après ces résultats, ce qui convient de faire dans l'intérêt réciproque de l'État et de la Maison royale.

Telles sont les questions dont on a cherché la meilleure solution possible dans le projet de loi suivant, que le Ministre soussigné a l'honneur de soumettre à la délibération des Cortès, d'accord avec le Conseil des Ministres et préablement autorisé par S. M. le Roi.

Madrid, le 22 avril 1876.

Le Ministre des Finances,
PEDRO SALAVERRIA.

Projet de loi.

TITRE PREMIER

De la Dotation de la Famille royale.

Article premier. — Dans le budget général des dépenses figureront les crédits nécessaires pour subvenir aux allocations annuelles suivantes :

Au Roi et à sa Maison, il sera alloué 7 millions de piècettes;

Au Prince ou à la Princesse des Asturies, 500,000;

A chacun des Infants, fils du Roi ou du Prince des Asturies, dès qu'ils auront atteint l'âge de 7 ans, 250,000;

A chacune des Infantes, filles du Roi ou du Prince des Asturies, depuis le même âge, 150,000.

Art. 2. — Quand le Roi ou le Prince des Asturies contracteront mariage, il sera déterminé par une loi, conformément à la Constitution, la dotation annuelle de son épouse et celle qu'elle aura en cas de mariage.

Art. 3. — En vertu de ce qui est déterminé par l'article 1er, seront consignées au budget général de l'État en faveur de :

L'Infante Doña Maria del Pilar Berenguela, 150,000 piècettes;

L'Infante Doña Maria de la Paz-Juana, 150,000;

L'Infante Doña Maria-Eulalia-Francisca de Asis, 150,000;

L'Infante Doña Maria-Luisa-Fernanda, qui fut héritière immédiate du Trône, 250,000.

Art. 4. — Seront également assignées annuellement à la Reine Doña Isabel, 750,000 piècettes;

Au Roi Don Francisco de Asis, 300,000.

Art. 5. — La dotation accordée à S. M. la Reine Doña Maria-Cristina, par la loi de finances de 1845, est réduite à la somme de 250,000 piècettes.

Art. 6. — Les allocations mentionnées dans les trois articles précédents ont un caractère viager, elles cesseront à partir du décès respectif de chacune des personnes royales à qui elles ont été accordées.

TITRE II

Du Domaine de la Couronne et des biens privés du Roi.

Art. 7. — Le Domaine de la Couronne est composé de :

1° Le Palais-Royal de Madrid, avec ses écuries, remises, parcs, jardins et autres dépendances parmi lesquelles sont comprises l'Armeria Royal (Musée d'Artillerie) et la Manufacture de tapis;

2° Les châteaux royaux de la Casa de Campo, El Pardo, Aranjuez, San Lorenzo et San Ildefonso;

3° L'Alhambra, l'Alcazar de Séville et le Palais-Royal de Majorque, avec le château de Bellver.

Art. 8. — Appartiennent également au Domaine de la Couronne les patronages sur :

1° L'église et le couvent de *la Encarnacion;*

2° L'église et l'hôpital *del Buen Suceso;*

3° L'église de *San Jeronimo;*

4° Le couvent des *Descalzas Reales;*

5° La basilique royale de *Atocha;*

6° L'église et collége de *Santa Isabel;*

7° L'église et collége de *Loreto;*

8° L'église et l'hôpital de Notre-Dame de *Monserrat;*

9° Le monastère de *San Lorenzo de l'Escurial;*

10° Celui de *Las Huelgas* de Burgos,

11° L'hôpital du *Roi;*

12° Le couvent de *Santa-Clara de Tordesillas.*

Art. 9. — Il sera rendu aux propriétés et châteaux royaux, mentionnés dans l'article 8, l'étendue et les limites qui leur appartenaient avant septembre 1868, en exceptant les propriétés civiles et agricoles qui auraient été aliénés par l'État à des particuliers à titre onéreux.

L'État fera remise, dès ce moment, à la Maison royale, des édifices, propriétés rurales de toute sorte, avec leurs canaux d'irrigation, pièces d'eau et autres dépendances qui seraient encore en sa possession.

Il lui fera remise également, au fur et à mesure qu'elles lui seront rendues, de toutes les propriétés vendues, dont les ventes auront été annulées.

La Maison Royale pourra faire les changements qu'elle jugera convenables afin d'embellir, d'améliorer les Châteaux Royaux et de les organiser dans de meilleures conditions.

Art. 10.— Les patronages de la couronne, mentionnés dans l'article 8, seront gérés et administrés dans la forme légale, généralement adoptée par les patronages particuliers, mais en prenant sa source dans le protectorat de la maison du Roi.

Art. 11.— Les dispositions du titre 2e de la loi du 12 mai 1865 seront appliquées aux conditions légales du Domaine de la couronne et de la fortune privée du Roi.

Art. 12.— Pour examiner les comptes des existences en espèces et autres valeurs de la propriété de la famille Royale, qui se trouvaient le 29 septembre 1868 dans sa Trésorerie, et afin de pouvoir supputer les produits du 25 % des biens du Domaine qui lui appartiennent conformément aux lois du 15 Mai 1865 et du 18 décembre 1869, le Ministre des Finances et la maison du Roi nommeront une commission dont les délibérations et résolutions seront soumises aux Cortès.

Madrid, le 22 avril 1876.

Le Ministre des Finances,

Salaverria.

Décret Royal.

D'accord avec le Conseil de Ministres, j'autorise le Ministre des Finances, conformément aux dispositions de l'article 43 de la loi de finances du 25 juin 1870, à présenter aux Cortès un projet de loi approuvant les crédits extraordinaires et supplémentaires accordés depuis le 20 septembre 1873 jusqu'à ce jour.

Fait au Palais le 22 avril 1876.

ALFONSO.

Le Ministre des Finances,

Pedro Salaverria.

Aux Cortès.

Pendant la période extraordinaire où les Cortès n'ont pas siégé, le Gouvernement s'est vu dans la nécessité d'accorder les suppléments de crédit et les crédits extraordinaires expliqués d'une manière détaillée dans les quatre documents ci-joints.

Des besoins urgents du service public, dûment justifiés, ont exigé du Gouvernement ces actes pour lesquels il était autorisé par l'article 41 de la loi de finances du 25 juin 1870.

Dans l'enquête instruite à cet effet on a fait constater ces circonstances, le Conseil d'État à émis des avis favorables et toutes les autres formalités réglementaires ent été remplies.

Les Cortès du royaume réunies, le Gouvernement remplit le devoir que lui impose l'article 43 de la loi susdite; en conséquence le Ministre soussigné, autorisé par S. M. et d'accord avec le Conseil de Ministres. a l'honneur de rendre compte aux Cortès de ces actes, en présentant copie des décrets rendus et soumettant à leur délibération le suivant :

Projet de Loi.

Article 1er. — Sont approuvés les suppléments de crédit ouverts par le Gouvernement, conformément à l'article 41 de la loi du 25 juin 1870, pour faire face aux obligations du budget pendant l'exercice 1871-73 s'élevant à 43,709,418 piècettes, suivant la teneur du rapport nº 1, ci-joint.

Art. 2. — Sont approuvés les suppléments de crédit et les crédits extraordinaires que le Gouvernement à ouverts au budget de l'exercice 1873-74, s'élevant ensemble à 46,016,223 piècettes 83 centimes, suivant détail dans le rapport nº 2.

Art. 3. — Sont approuvés également les crédits supplémentaires et extraordinaires, devant s'appliquer au budget de l'exercice 1874-75, pour la somme de 13,028,681 piècettes 20 centimes, ouverts par le Gouvernement, ainsi que le démontre le rapport ci-joint nº 3,

Art. 4. — Sont également aprouvés les suppléments de crédit et les crédits extraordinaires que le Gouvernement a ouverts et la déclaration de permanence qu'il fît en débitant le budget de dépenses de l'exercice 1875-76 pour la somme de 6,944,447 piècettes 26 centimes ainsi qu'il est spécifié dans le rapport ci-inclus, nº 4.

Art. 5. — Le montant des suppléments de crédit et des crédits extraordinaires ci-dessus mentionnés, seront couverts dans la forme qu'il sera déterminé, dans le but de réduire la Dette flottante du Trésor, dont le montant comprend les crédits susmentionnés.

Madrid, le 22 avril 1876.

Le Ministre des Finances,

PEDRO SALAVERRIA.

Numéro 1.

Tableau des Suppléments de crédit et des Crédits extraordinaires accordés par le Gouvernement, en vertu des facultés que lui sont conférées par l'art. 41 *de la loi de comptabilité du* 25 *juin* 1870, *applicables au budget de* 1872-73.

ORDONNANCES	CHAPITRE du budget.	QUALITÉ du crédit.	SERVICES	CRÉDITS ACCORDÉS Par services.	CRÉDITS ACCORDÉS Par chapitres.
				Piec. C.	Piec. C.
			SERVICES SPÉCIAUX DES MINISTÈRES.		
Décret royal du 10 avril 1875. (Copie n° 1)	VII—Travaux publics....	Supplément..	Chap. 21. — Dépenses générales des travaux publics	579.219 »	
	Idem id......	Idem........	Chap. 23. — Entretien des routes..........	30.412.816 »	
	Idem id.....	Idem........	Chap. 24. — Entretien des travaux terminés.	171.783 »	
	Idem id.....	Idem........	Chap. 28. — Travaux des conduites d'eaux.	1.030.000 »	
	Idem id.....	Idem........	Chap. 30. — Travaux de la navigation maritime...............	7.000.000 »	
	Idem id.....	Idem........	Chap. 31. — Travaux des constructions civiles	1.515.600 »	
	Idem id.....	Idem........	Chap. 32. — Personnel de l'Institut géographique............	1.500.000 »	
	Idem id.....	Idem........	Chap. 34. — Matériel de l'Institut géographique	1.500.600 »	
					43.709.418

Madrid, le 22 avril 1876. — SALAVERRIA.

Numéro 2.

Tableau des Suppléments de crédit et des Crédits extraordinaires accordés par le Gouvernement, en vertu des facultés que lui sont conférées par l'art. 41 *de la loi de comptabilité du* 25 *juin* 1870, *applicables au budget de* 1873-74.

ORDONNANCES	CHAPITRE du budget.	QUALITÉ du chapitre.	SERVICES	CRÉDITS ACCORDÉS Par services.	CRÉDITS ACCORDÉS Par chapitres.
				Piéc. C.	Piéc. C.
			CHARGES GÉNÉRALES DE L'ÉTAT		
Décret du Président du pouvoir exécutif de la République en date du 6 octobre 1873. (Copie n° 1).	I..........	Extraordin...	Création d'une division de chancellerie, à la Présidence du pouvoir exécutif	11.250 »	
Décret du Président du pouvoir exécutif de la République en date du 14 mars 1874. (Copie n° 2).	Idem........	Idem........	Personnel du secretariat général de la Présidence du pouvoir exécutif.............	12.333 »	

ORDONNANCES	CHAPITRE du budget.	QUALITÉ du crédit.	SERVICES	CRÉDITS ACCORDÉS Par services.	Par chapitres.
				Piéc. C.	Piéc. C.
Décret du Président du Pouvoir exécutif de la République en date du 14 mars 1874. (Copie n° 2).	I..........	Extraordin...	Matériel du secretariat général de la présidence du pouvoir exécutif..............	5.000 »	28.583 »
			SERVICES SPÉCIAUX DES MINISTÈRES		
Décret du Gouvernement de la République du 20 janvier 1874. (Copie n° 3).	Présidence...	Supplément..	Chap. 1. — Personnel du secretariat général de la Présidence du pouvoir exécutif....	12.250 »	12.500 »
Dècret du Président du pouvoir exécutif de la République du 27 février 1874. (Copie n° 4.)	Affaires étrangères	Idem........	Chap. 10. — Personnel du tribunal de la Rote.	34.833 33	
	Idem........	Extraordin...	Addit. — Personnel du tribunal de la Rote..	99.500 »	
	Idem........	Idem........	Addit. — Matériel du tribunal de la Rote...	5.000 »	139.333 33
Décret du Président du pouvoir exécutif de la République du 31 janvier 1874. (Copie n° 5).	III.—Justice.	Idem........	Addit. — Salaire des bourreaux..........	12.000 »	
	Idem........	Idem........	Addit. — Réinstallation du tribunal des Ordres	25.000 »	
Décret du Président du pouvoir exécutif de la République du 13 avril 1874. (Copie n° 6).	Idem........	Idem........	Addit. — Jetons de présence aux membres du tribunal d'examen des aspirants à la judicature.	20.000 »	57.000 »
Décret du Président du pouvoir exécutif de la République du 14 février 1874. (Copie n° 7).	VI.—Intérieur	Supplément..	Chap. 6. — Dépenses réservées du ministère de l'intérieur....	40.000 »	
Décrèt du Président du pouvoir exécutif de la République du 14 février 1874, (Copie n° 8).	Idem........	Idem......	Chap. 21. — Prêts de guerre de la Garde civile pendant l'année 1872-73.	180.000 »	
	Idem........	Extraordin..	Addit. — Prêts de guerre de la Garde civile pendant l'année 1873-74................	400.000 »	
Décret du Président du pouvoir exécutif de la République, du 20 février 1874. (Copie n° 9).	Idem........	Supplément..	Chap. 9. — Secours à l'Assistance publique et aux paroisses de Carthagène.........	75.000 »	
Décret du Président du Pouvoir exécutif de la République du 9 mars 1874 (Copie n° 10).	Idem id.....	Idem........	Chap. 10. — Personnel de la Police sanitaire.	301.358 »	
	Idem id.....	Idem........	Chap. 11. — Matériel de la Police sanitaire....	60.480 »	
Décret du Président du Pouvoir exécutif de la République en date du 14 mars 1874 (Copie n° 11).	Idem id.....	Idem........	Chap. 15. — Personnel des Télégraphes.	29.800 »	
Décret du Président du Pouvoir exécutif en date du 31 mai 1874 (Copie n° 12).	Idem id.....	Idem........	Chap. 6.— Frais extraordinaires du Ministère de l'intérieur........	50.000 »	1.136.638 »

ORDONNANCES	CHAPITRE du budget.	QUALITÉS du crédit.	SERVICES	CRÉDITS ACCORDÉS Par services.	Par Chapitres
				Piéc. C.	Piéc. C.
Décret Royal en date du 10 avril 1875 (Copie n° 13).	VII — Travaux publics....	Idem........	Chap. 21. — Frais généraux des Travaux publics........	579.249 »	
	Idem id.....	Idem........	Chap. 23. — Matériel des Routes publiques nationales...........	30.412.816 »	
	Idem id.....	Idem........	Chap. 24. — Matériel des travaux terminés.	171.783 »	
	Idem id.....	Idem........	Chap. 28. — Matériel du service des eaux.....	1.030.000 »	
	Idem id.....	Idem........	Chap. 30. — Matériel de la navigation maritime.................	7.000.000 »	
	Idem id.....	Idem........	Chap. 31. — Matériel des Bâtiments civils......	1.515.600 »	
	Idem id.....	Idem........	Chap. 32. — Personnel de l'Institut géographique.............	1.500.000 »	
	Idem id.....	Idem........	Chap. 34. — Matériel de l'Institut géographique	1.500.000 »	43.709.418 »
Décret du Président du Pouvoir exécutif de la République en date du 24 janvier 1874 (Copie n° 14).	VIII. — Finances.......	Extraordin...	Addit. — Personnel des Inspecteurs généraux des finances.........	56.625 »	
	Idem id.....	Idem........	— Matériel de leurs bureaux..............	43.375 »	
Décret du Président du Pouvoir exécutif de la République en date du 24 janvier 1874 (Copie n° 15).	Idem id.....	Supplément..	Chap. 5. — Personnel des Directions des contributions et revenus................	65.875 »	
	Idem id.....	Idem........	Chap. 6. — Matériel des Directions des Contributions et revenus...	4.500 »	
Décret du Président du Pouvoir exécutif de la République en date du 31 janvier 1874 (Copie n° 16).	Idem id.....	Supplément..	Chap. 10. — Rétablissements des Sections des Propriétés et droits de l'Etat...............	252.187 »	
Décret du Président du Pouvoir exécutif de la République en date du 14 février 1874 (Copie n° 17).	Idem id.....	Idem........	Chap. 5. — Personnel du Contrôle général de l'administration de l'Etat.	12.600 »	
	Idem id.....	Idem........	Chap. 5. — Personnel de la direction des propriétés et droits de l'Etat.	11.500 »	
Décret du Président du Pouvoir exécutif de la République en date du 9 mars 1874 (Copie n° 18).	Idem id.....	Idem id.....	Chap. 5. — Pour la délégation du Ministère des finances à Londres et à Paris......	27.333 »	
	Idem........	Idem id.....	Chap. 5. — Id........	29.583 »	
Décret du Président du Pouvoir exécutif de la République en date du 9 mars 1874 (Copie n° 19).	Idem id.....	Idem id.....	Chap. 5. — Création d'un emploi d'Inspecteur facultatif des Rentes...	2.250 »	
Décret du Président du Pouvoir exécutif de la République en date du 9 mars 1874 (Copie n° 20).	Idem id.....	Extraordin...	Addit. — Frais d'enterrement et funérailles de M. Antonio Rios Rosas..............	16.836 »	
Décret du Président du Pouvoir exécutif de la République en date du 13 mars 1874 (Copie n° 21).	Idem id.....	Idem id.....	Addit. — Fabrication de Cartes postales......	80.000 »	

ORDONNANCES	CHAPITRE du budget.	QUALITÉS du crédit.	SERVICES	CRÉDITS ACCORDÉS Par services.	Par chapitres.
				Piéc. C.	Piéc. C.
Décret du Président du Pouvoir exécutif de la République en date du 23 mars 1874 (Copie n° 22).	Idem id.....	Supplément..	Chap. 1er—Changements dans le personnel du Secrétariat général et les archives du Ministère des finances.....	15.031 »	
Décret du Président du Pouvoir exécutif de la République en date du 3 avril 1874. (Copie n° 23).	Idem id.....	Idem id.....	Chap. 41. — Réparations et nettoyage des canaux du Jarama......	29.206 50	
Décret du Président du Pouvoir exécutif de la République en date du 3 avril 1874 (Copie n° 24).	Idem id.....	Extraordin...	Addit. — Personnel de la Chapelle du Palais....	7.500 »	
	Idem id.....	Idem id.....	Idem. — Matériel du culte et entretien.....	1.250 «	
Décret du Président du Pouvoir exécutif de la République en date du 19 avril 1874 (Copie n° 25).	Idem id.....	Supplément..	Chap. 3. — Personnel de la Cour des Comptes................	6.146 »	
	Idem id.....	Idem id.....	Chap. 4. — Matériel de la Cour des Comptes..	1.979 «	
Décret du Président du Pouvoir exécutif de la République en date du 19 avril 1874 (Copie n° 26).	Idem id.....	Idem id.....	Chap. 5. — Personnel du bureau central de vérification des Comptes...............	9.740 »	
	Idem id......	Idem id.....	Chap. 6. — Matériel du bureau central de vérification des Comptes.	1.000 »	
Décret du Président du Pouvoir exécutif de la République en date du 19 avril 1874 (Copie n° 27).	Idem id.....	Idem id.....	Chap. 44. — Renouvellement de l'armement et des munitions du corps des Carabiniers.	338.485 «	
Décret du Président du Pouvoir exécutif de la République en date du 13 août 1874 (Copie n° 28).	Idem id.....	Extraordin...	Addit. Frais de voyage et de réceptions affectés à la Présidence...	20.000 »	983.001 50
					46.016.223 83

Madrid, le 22 Avril 1876. — SALAVERRIA.

Numéro 3.

Suppléments de Crédits et Crédits extraordinaires accordés par le Gouvernement en vertu des pouvoirs qui lui sont conférés par l'art. 41 *de la loi du* 55 *Juin* 1870, *applicables au budget de* 1874-75.

ORDONNANCES	CHAPITRE du budget.	QUALITÉS du crédit.	SERVICES	CRÉDITS ACCORDÉS Par services.	Par chapitres.
				Piéc. C.	piéc. C.
Décret du Président du Pouvoir exécutif de la République en date du 30 septembre 1874 (Copie n° 1).	I—Présidence	Supplément..	Chap. 4. — Bibliothèque du Conseil d'Etat....	25.000 »	
Décret royal du 16 mars 1875 (Copie n° 2).	Idem id.....	Idem........	Chap. 3. — Personnel du Conseil d'Etat.... ..	220.750 »	
	Idem id.....	Idem........	Chap. 4. — Matériel du Conseil d'Etat.......	7.500 »	

ORDONNANCES	CHAPITRE du budget.	QUALITÉS du crédit.	SERVICES	CRÉDITS ACCORDÉS par services	par chapitres.
				Piéc. C.	Piéc. C.
Décret royal du 30 mars 1875 (Copie n° 3).	I — Présidence	Idem........	Chap. 2. — Matériel de la Présidence du Conseil des Ministres....	20.000 »	
					273.259 »
Décret royal du 23 octobre 1875 (Copie n° 4).	Affaires étrangères.....	Idem........	Chap. 1. — Personnel de l'Administration centrale...............	1.026 40	
	Idem id.....	Idem........	Chap. 3. — Personnel du Corps diplomatique et consulaire...........	17.858 28	
	Idem id.....	Idem........	Chap. 4. — Matériel du Corps diplomatique et consulaire...........	1.098 60	
	Idem id.....	Idem........	Chap. 6. — Matériel de la Section des Courriers de cabinets..........	20.800 »	
	Idem id.....	Idem........	Chap. 9. — Dépenses diverses..............	502.364 40	
	Idem id.....	Idem........	Addit. — Personnel et Matériel du Secrétariat des Ordres de chevalerie............	25.456 78	
					568,604 46
Décret du Ministère-Régence du 4 février 1875 (Copie n° 5).	III. — Justice.	Idem........	Chap. 5. — Emoluments des Substituts des fonctionnaires judiciaires et du ministère public...............	100.000 »	
Décret royal du 31 décembre 1875 (Copie n° 6).	Idem id.....	Extraordin...	Addit. — Payement de la moitié des revenus des évêchés en disponibilité depuis le rétablissement du budget ecclésiastique	106.250 »	
					206.250 »
Décret royal du 27 avril 1875 (Copie n° 7).	V. — Marine	Idem........	Chap. 21. — Montant d'une traite tirée sur le Trésor par la maison Herman de Bogotá, en paiement du vapeur *Uncle Sam* acheté au gouvernement Colombien pour le transport de vivres à l'escadre du Pacifique.	600.000 »	
Décret royal du 27 avril 1875 (Copie n° 8).	Idem id.....	Supplément..	Chap. 3. — Personnel du Conseil supérieur de la la marine..........	8.250 »	
	Idem id.....	Idem........	Chap. 11. — Personnel des Arsenaux........	238.494 »	
	Idem id.....	Idem........	Chap. 17. — Frais divers	123.509 »	
Décret royal du 14 mai 1875 (Copie n° 9).	Idem id.....	Idem........	Chap. 1er. — Personnel des Corps de la Marine mobilisés à cause de la guerre...........	800.000 »	

ORDONNANCES	CHAPITRE du budget.	QUALITÉS du crédit.	SERVICES	CRÉDITS ACCORDÉS Par services.	Par chapitres
				Piès. C	Piès. C.
Décret royal du 14 mai 1875, (Copie n° 9).	Idem id.....	Extraordin...	Chap. 2. — Achat de Cartes géographiques, munitions, vivres, charbons, produits pharmaceutiques et autres dépenses exigées par les besoins de la guerre........	700.000 »	
Décret royal du 5 octobre 1875 (Copie n° 10).	Idem id.....	Idem........	Chap. 12. — Matériel des Arsenaux............	1.024.681 »	
	Idem id.....	Idem........	Chap. 18. — Matériel des Hôpitaux...........	14.503 »	
					3.509.437 »
Décret du Président du Pouvoir exécutif de la République en date du 24 août 1874 (Copie n° 11).	VI. — Intérieur	Extraordin...	Addit. — Pose de Cables télégraphiques sous-marins entre Saint-Sébastien, Bilbao et Santander	1.125.000 »	
Décret du Ministère-Régence en date du 5 février 1875 (Copie n° 12).	Idem id.....	Supplément..	Chap. 6. — Frais réservés du ministère de l'Intérieur	500.000 »	
Décret royal du 24 mars 1876 (Copie n° 13).	Idem id.....	Extraordin...	Addit. — Avance pour le personnel et matériel des prisons de la ville, qui doit être remboursée par la Municipalité.........	159.955 25	
Décret royal en date du 3 avril 1875 (Copie n° 14).	Idem id.....	Idem........	Chap. 14. — Frais de transport de déportés aux Philippines......	566.150 »	
	Idem id.....	Idem........	Chapit. 20. — Idem....	183.375 »	
Décret royal du 19 juin 1875 (Copie n° 15).	Idem id.....	Idem........	Chap. 20. — Payement au chemin de fer de Madrid à Saragosse et Alicante, des wagons qui conduisent la correspondance de Madrid à Almanza et Alcazar de San-Juan, en vertu de jugement de la Haute Cour de justice......	596.169 20	
	Idem id.....	Idem........	Chap. 18. — Idem.....	329.278 90	
					3.459.928 35
Décret du Président du Pouvoir exécutif de la République en date du 17 septembre 1874 (Copie n° 16)	VIII — Finance	Supplément..	Chap. 5. — Personnel du Contrôle général.....	22.500 »	
	Idem id.....	Idem........	Chap. 6. — Matériel du Contrôle général.....	8.000 »	
Décret du Président du Pouvoir exécutif de la République en date du 14 octobre 1874 (Copie n° 17).	Idem id.....	Idem........	Chap. 33. — Fabrication des timbres de guerre de 5 centimes pour la vente de toute espèce d'objets	80.149 »	
	Idem id.....	Idem........	Chap. 33. — Idem.....	53.650 »	
	Idem id.....	Idem........	Chap. 33. — Idem.....	12.500 »	
Décret du Président du Pouvoir exécutif de la République en date du 14 novembre 1874 (Copie n° 18)	Idem id.....	Idem........	Chap. 58. — Travaux de réparations au monastère de San Lorenzo del Escorial.........	100.124 56	

ORDNNANCES	CHAPITRE du budget.	QUALITÉS du crédit.	SERVICES	CRÉDITS ACCORDÉS Par services.	Par chapîtres
				Pièc. C.	Pièc. C.
Décret du Ministère-Régence du 29 janvier 1875 (Copie nº 19).	Idem id.....	Extraordin...	Chap. 54. — Frais d'enterrement et de transport du cadavre du général M. Facundo Infante............	3.110 87	
Décret du Ministère-Régence en date du 29 janvier 1875 (Copie nº 20).	Idem id.....	Idem........	Chap. 54. — Frais d'enterrement et de transport du cadavre de M. Salustiano de Olozaga...........	4.221 25	
Décret royal du 3 mai 1875 (Copie nº 21).	Idem id.....	Idem........	Addit. — Dépenses occasionnées par les funérailles du capitaine-général M. Manuel Gutierrez de la Concha..	31.982 21	
Décret royal du 24 mai 1875 (Copie nº 22).	Idem id.....	Supplément..	Chap. 5. — Personnel de la direction du Trésor.	7.833 »	
	Idem id.....	Extraordin...	Chap. 25. — Confection de Bons du Trésor de la seconde série et autres frais d'émission.	131.467 »	
Décret royal du 30 mai 1875 (Copie nº 23).	Idem id.....	Supplément..	Chap. 35.— Frais de fabrication de Cigares de la Havane	824.000 »	
Décret royal du 3 avril 1875 (Copie nº 24).	Idem id.....	Extraordin...	Chap. 35. — Achat de tabac Havane en feuilles et de Cigares de la Havane.............	3.533.500 »	
Décret royal du 14 mai 1875 (Cspie nº 25).	Idem id.....	Supplément..	Chap. 40. — Frais d'exploitation des Mines d'Almaden..........	160.000 »	
Décrèt royal du 19 juin 1875 (Copie nº 26).	Idem id.....	Extraordin...	Chap. 54. — Frais occasionnés par les funérailles de M. Pedro Gomez de la Serna...	9.173 50	5.011.211 39
					13.028.681 20

Madrid, 22 Avril 1876. — SALAVERRIA.

Numéro 4

Suppléments de Crédit et Crédits accordés par le Gouvernement, en vertu des pouvoirs qui lui sont conférés par l'art. 41 *de la loi du* 15 *Juin* 1870, *applicables au budget de* 1875-76

ORDONNANCES	CHAPITRE du budget	QUALITÉS du crédit.	SERVICES	CRÉDITS ACCORDÉS Par services.	Par chapitres.
			SERVICES GÉNÉRAUX DE L'ÉTAT.	Pièc. C.	Pièc. C.
Décret royal du 14 décembre 1875 (Copie nº 1).	1. — Maison royale.....	Extraordin...	Addit. — Réglement des dépenses faites au Palais-Royal lors de l'entrée en Espagne de don Amadeo de Saboya...		486.926 »

ORDONNANCES	CHAPITRE du budget.	NATUTE du crédit.	SERVICES	CRÉDITS CONCÉDÉS. Par services	Par chapitres.
				Piéc. C.	Piéc. C.
Décret royal du 23 octobre 1875 (Copie n° 2).	IV. — Charges de justice.	Idem........	Chap. 2. — Payements des annuités arriérées de charges de justice aux Infants D. Carlos Luis de Borbon, duc de Parme, et D. Sébastian Gabriel.........		795.122 26
			SERVICES DES DÉPARTEMENTS MINISTÉRIELS		
Décret royal du 2 octobre 1875 (Copie n° 3).	II. — Affaires étrangères.	Supplément..	Chap. 7. — Personnel du tribunal de Rote..	49.000 »	
	Idem........	Idem........	Chap. 8. — Matériel du tribunal de Rote....	5.000 »	54.000 »
Décret royal du 31 décembre 1875 (Copie n° 4).	III. — Justice.	Idem........	Chap. 11. — Bonification de la moitié du revenu des évêchés en disponibilité		50.000 »
Décret royal du 23 février 1876 (Copie n° 5).	IV. — Guerre	Idem........	Chap. 26. — Matériel du Génie..............		398.277 »
Décret royal du 12 février 1876 (Copie n° 6).	V. — Marine.	Idem........	Chap. 12. — Materiel de carénage, de construction et approvisionnement		1.929.658 »
Décret royal du 7 août 1875 (Copie n° 7).	VI. — Intérieur......	Permanence .	Addit. — Pose de câbles télégraphiques entre San Sebastien, Bilbao et Santander........	1.125.000 »	
Décret royal du 31 août 1875 (Copie n° 8).	Idem........	Supplément..	Chap. 15. — Personnel des télégraphes......	151.500 »	
	Idem........	Idem........	Chap. 16. — Frais d'Administration des télégraphes..........	975.620 »	2.252.120 »
Décret royal du 2 octobre 1875 (Copie n° 9).	VIII—Finance	Extraordin...	Addit. — Frais d'émission des titres de l'emprunt national de 175 millions de piecettes.	839.094 »	
	Idem........	Supplément..	Chap. 5. — Idem	51.250 »	
	Idem........	Idem........	Chap. 5. — Idem	40.000 »	
Décret royal du 19 octobre 1875 (Copie n° 10).	Idem........	Idem........	Chap. 10. — Appointements de l'inspecteur général de la Règie dans la province de Madrid.............	6.000 »	
	Idem........	Idem........	Chap. 12. — Appointements des graveurs de la Fabrique du Timbre................	10.500 »	
Décret du 23 octobre 1875 (Copie n° 11.	Idem........	Idem........	Chap. 5. Personnel de la Commission des Finances d'Espagne à l'étranger.............	49.500 »	996.344 »
					6.944.447 26

DÉCRET ROYAL.

D'accord avec le Conseil des Ministres, j'autorise le Ministre des Finances à présenter aux Cortès le compte général de l'État de 1866 à 1867, en même temps qu'un projet de loi pour l'approbation des Comptes de 1865 à 66.

Madrid, le 22 avril 1876.

ALFONSO

Le Ministre des Finances,

PEDRO SALAVERRIA.

Aux Cortès

La Loi du 20 février 1850, dont les règles sont appplicables au rendement des Comptes généraux des années antérieures à 1871, suivant la disposition transitoire de la loi du 25 juin 1870, dispose que le Ministre des Finances présente chaque année aux Cortès un compte général accompagné de la certification qui s'y rapporte, délivrée par le Tribunal compétent, et d'un projet de loi pour son approbation.

Les évènements politiques qui ont pesé sur le Pays ont été cause que le dossier des Comptes définitifs de 1865-66 et les spéciaux de 1866-67, quoique imprimés depuis 1873, n'ont pu être presentés aux Cortès. Depuis longtemps aussi les Comptes définitifs correspondant au budget 1866-67 ont été dressés et vérifiés par le Tribunal; mais ceux-ci devant être imprimés en même temps que les Comptes provisoires de l'année 1867-68, et ces derniers n'étant pas terminés, il n'est pas encore possible de les présenter aux Cortès.

Le grand nombre d'opérations de la Dette flottante et d'autres services dont, depuis 1869, furent chargées les Commissions des Finances à l'étranger, en même temps que des changements fréquents dans leur personnel, occasionnèrent un retard notable dans tous les travaux, de sorte que le rendement des Comptes se trouve à peu près arrêté depuis la fin de l'année 1868.

En conséquence, et ayant égard à ce que parmi les Comptes vérifiés par le Tribunal, celui de 1866-67 est le dernier qui ait été imprimé, le Ministre soussigné, en exécution des dispositions de la Loi et autorisé par S. M., d'accord avec le Conseil des Ministres, a l'honneur de le présenter aux Cortès accompagné du certificat correspondant du Tribunal, et de soumettre à leur délibération le projet de loi suivant:

Projet de Loi.

ART. 1er. — Sont approuvés les Comptes généraux de l'Etat correspondant aux Budgets de l'année 1865-66 formés par la Direction générale de la comptabilité des Finances, examinés et contrôlés par le Tribunal des Comptes du Royaume.

ART. 2. — Les ressources du Budget ordinaire de l'année 1865-66 ont produit au Trésor en droits perçus, pendant les 18 mois de cet Exercice, 238,613,536 écus 753 millièmes (1), somme qui se décompose de la manière suivante :

En ressources accordées par ledit Budget, suivant l'état B qui l'accompagne et les dispositions de la Loi du 15 juillet 1865		230.128.033,307
Souscription nationale pour la guerre avec le Chili et le Pérou		369.955,541
Recettes des Exercices clos 1850 à 1859	4.194.037,383	
— de l'Exercice clos 1860	271.492,266	
— — — 1861	304.753,957	
— — — 1862 y compris le 1er semestre 1863	589.501,941	
— — — 1863-64	1.101.076,642	
— — — 1864-65	1.654.685,716	8.115.547,905
		238.613.536,753

Les recouvrements dans les dix-huit mois de l'exercice s'élèvent à 204.177.927 écus 669 millièmes, et proviennent :

Des ressources ordinaires du budget		202.485.263,076	
Des ressources extraordinaires provenant des dons nationaux pour la guerre avec le Chili et le Pérou		369.9555,41	
Des Recettes des exercices clos 1850 à 1859	146.985,073		
Des Recettes de l'exercice clos 1860	34.279,496		
Des Recettes de l'exercice clos 1861	49.818,751		
Des Recettes de l'exercice 1862, y compris le 1er semestre 1863	147.365,185		
Des Recettes de l'exercice clos 1863-64	335.388,257		
Dès Recettes de l'exercice clos 1864-65	608.872,290	1,322.709,052	
			204.177.927,669

Et le restant à recouvrer, transféré au budget suivant, s'élève à .... 34.435.609,084 dans lequel sont compris 32.425.102 écus 306 millièmes, qui proviennent d'arrérages jusqu'en fin 1849, de recettes d'exercices clos depuis 1850, dont les recouvrements figureront au budget de l'année dans laquelle ils auront été effectués.

Art. 3. — Les dépenses appartenant au budget ordinaire 1865-66, sont fixées à 263.246.825 écus, 14 millièmes, somme à laquelle s'élèvent les droits reconnus des divers créanciers de l'État, pendant les 18 mois de l'exercice et se décomposent comme il suit :

Pour les services compris dans l'état A, joint au même budget		232.801.545,741
» dépenses des exercices clos 1850 à 1859	10.063.769,310	
» » de l'exercice clos 1860	1.686.081,939	
» » » » 1861	2.488.982,604	
» » » » 1862 y compris le 1er semestre 1863	2.873.649,170	
» » » » 1863-64	4.669.303,318	
» » » » 1864-65	8.015.081,064	
	29.796.867,405	
» Obligations d'exercices clos jusqu'à fin de 1856, dont le règlement est en suspens, qui furent payées avec anticipation et qui sont portées sur le présentbudget	14.389,097	
Pour frais de la guerre d'Afrique	634.022,771	
		30.445.279,273
Total		263.246.825,014

(1) Un écu = 2 francs 50 centimes environ ; un millième — un quart de centime environ.

Les paiements effectués pendant les 18 mois de l'exercice du même budget 1865-66, s'élèvent à 229.045.974 écus, 741 millièmes, dont le détail suit :

Services du Budget compris dans l'État A..........		222.171.054,137	
Pour obligations des exercices clos 1850 à 1859	115.515,119		
» » de l'exercice clos 1860......	91.284,204		
» » » » » 1861......	1.203.354,575		
» » » » » 1862 y compris			
» » » le 1er semestre 1863......	1.121.551,871		
» » » » 1863-64.....	2.433.169,305		
» » » de l'exercice 1864-65.....	1.854.706,858		
	6.819.581,932		
» » d'exercices clos jusqu'à la fin de 1856 dont le règlement est en suspens, qui furent payées avec anticipation et qui sont portées sur le présent budget....................	14.389,097		
» provenant de la guerre d'Afrique...	40.949,575	6.874.920,604	229.045.974,741
Par conséquent le solde de compte de l'exercice à payer s'élève à..		34.200.850,473	
et se décompose comme suit :			
Obligations appartenant au budget 1865-66.....		10.630.491,604	
Dépenses d'exercices clos......................		22.977.285,473	
Obligations provenant de la guerre d'Afrique...		593.073,196	34.200.850,273

Art. 4. — Est autorisé le paiement à titre de dépenses du Budget 1865-66 avec application au budget qui sera en exercices à l'Epoque où il aura lieu, des 10.630.491,604 écus, somme à laquelle s'élèvent, d'après ce qui a été dit dans l'article 3, les obligations liquidées et non payées du dit budget 1865-66.

Art. 5.—Sont annulés les crédits, s'élevant à 7.967.064 écus 369 millièmes, qui apparaissent comme excédant dans les divers chapitres, après le paiement des services du budget ordinaire auquel ils furent destinés.

Art. 6. — Transfert est fait au budget ordinaire de 1866-67, en vertu de la 2e règle fixée à la fin de la section 6e dudit budget et qui constitue partie intégrante de la loi du 3 août 1866, suivant l'article 24 de la même loi, de 44.000 écus, destinés à la construction de la ligne télégraphique de Malaga à Almérie.

Le transfert des 859,642 qui sont restés sans emploi après la clôture de l'exercice du budget auquel appartient le compte, approuvé par la présente loi, d'un crédit de 600,000 écus accordé par la loi du 21 février 1861 pour secours à allouer à ceux qui auraient souffert des innondations est aussi approuvé.

Art. 7. — Les droits reconnus au Trésor, comme ressources du budget extraordinaire de 1865-66 sont fixés à 54.785. 947 écus 145 millièmes dans la forme suivante :

En ressources du même budget, comprises dans l'état C.		48.916.293,140
» reliquats des exercices clos 1850 à 1859	213.252,733	
» » de l'exercice clos 1860	123.930,829	
» » » » 1861	210.573,242	
» » » » 1862 compris le 1er semestre 1863	1.460.692,153	
» » de l'exercice 1863-64	3.815.411,029	
» » » 1864-65	43.647,119	
	5.867.507,105	
» » » 1859, provenant de la Caisse de remplacement militaire	2.146,900	
		5.869.654,005
		54.785.947,145

Les recouvrements effectués s'élèvent à écus 47.440,776 986 millièmes, dont proviennent :

de ressources du budget ordinaire de 1865-66		46.015.498,666	
Reliquats des exercices 1850 à 1859	2.547,289		
» de l'exercice 1860	2.857,572		
» » 1861	5.728,970		
» » 1862, y compris le 1er semestre 1863	89.352,031		
» de l'exercice 1863-64	1.322.600,558		
» » 1864-65	45,000		
	4.123.131,420		
Des l'exercice 1859, provenant de la Caisse de Remplacements militaires	2.146,900		
		1.425.278,320	
			47.440.776,986

Et les soldes à recouvrer dont le transfert est opéré aux budgets successifs....... 7.345.170,159

De laquelle somme 4.743.423 écus 218 millièmes proviennent de recettes d'exercices clos depuis 1850 jusqu'à fin 1855 jusqu'à 1858 pour pagarès échus des acheteurs de propriétés, pour redevances et autres.

Art. 8. — Les dépenses liquidées du budget extraordinaire 1865-66 s'élevant à 73.266,481 écus 559 millièmes correspondant :

Aux services compris dans l'état C.		64.709.727,255
Aux obligations provenant de la loi du 12 mai 1865 pour versements au domaine royal en à-compte du 25 p. % de la valeur des propriétés du même domaine réservées à l'Etat		1.000.000,000
Aux dépenses des exercices clos de 1859	3.495,531	
» » de l'exercice 1860	2.094,231	
» » » 1861	11.514,940	
» » » 1862 y compris le 1er semestre 1863	4.019.533,877	
» » « 1863-64	2.108.440,750	
» » » 1864-65	1.236.317,009	
	7.381.396,346	
» « » 1859 pour la caisse de remplacement militaire	175.357,958	7.556.754,304
		73.266.481,559

Les paiements faits s'élèvent à 64.207.549,754 écus savoir :

Pour Obligations du budget extraordinaire 1865-66 .... 62.940.356,312

Id. Versements au Domaine Royal en à-compte du 25 °/° de de la valeur des Propriétés provenant du même domaine, acquises à l'État 1.000.000

Pour Obligations des exercices clos 1862, y compris le 1er semestre 1863 .... 1.696

Pour 1863-64 .... 14.529,484

» 1864-65 .... 75.610

» Obligations de 1859, Caisse de remplacements 91,835,484

militaires 175.357,859 267.193,442 64.207.549,754

Par conséquent les Obligations à payer au moment de clore l'exercice, s'élèvent à écus 9.058.931,805

Dont les détails suivent :

Obligations contractées et non payées provenant de services non compris dans le Budget extraordinaire 1865-66, qui passent à celui de 1866-67, à titre de dépenses et qui ne se trouvent pas compris dans les services qui furent autorisés pour acquisition du matériel extraordinaire, par les lois des 1er avril 1859, 7 avril 1861 et 25 mai 1863 .... 1.769.370,943

Pour Dépenses d'Exercices clos de même provenance 7.289.560,862 9.058.931,805

Art. 9. — Sont annulés les crédits du Budget extraordinaire 1865-66 montant à 2.095.452 écus 438 millièmes, qui apparaissent comme excédants, après le paiement, des dépenses auxquelles ils étaient destinés ; le transfert en est opéré au Budget suivant de 1866-67, à titre d'augmentation aux Crédits qui y sont autorisés, les excédants des Crédits ouverts restés sans emploi pendant l'Exercice 1865-66 pour services du matériel extraordinaire, autorisés par les lois précitées des 1er avril 1859, 7 avril 1861 et 25 mai 1863, s'élèvent ensemble à 39.327.285 écus 908 millièmes.

Art. 10. — Le Budget général de 1865-66 est considéré comme définitivement liquidé dans la forme suivante :

Les recouvrements du budget extraordinaire s'élèvent, d'après l'article 2 de la présente loi, à écus 204.177.927,669

Ceux du budget extraordinaire, d'après l'art. 7 de la même loi, s'élèvent à... 47.440.776,986

Ensemble 251.618.704,655

Les paiements du budget ordinaire, consignés dans l'art. 3, s'élèvent à 229.045.974,741

Ceux du budget extraordinaire, consignés et expliqués dans l'art. 8, à 64.207.549,754

Total 293.253.524,495

Par conséquent le déficit du budget général de 1865-66, qui a été suppléé par la Dette flottante du Trésor, reste fixé à 41.634.819,840

Excédant des obligations sur les ressources du budget ordinaire 1865-66. — Déficit du même 24.868.047, 072

Différence entre la perception obtenue et les paiements effectués avec application au budget extraordinaire de ladite époque. Déficit du même 16.766.772,768

Ensemble 41.634.819, 840

Madrid, le 22 avril 1876.

Le Ministre des Finances,

Pedro Salaverria.

CONSTITUTION D'UNE DÉLÉGATION DE PORTEURS DE LA DETTE PUBLIQUE

ORDONNANCE,

La commission générale du budget de la Chambre des députés, d'accord avec le gouvernement, ayant ordonné qu'il soit procédé à une enquête parlementaire dans le but d'entendre les créanciers sur les conditions de convenance mutuelle auxquelles il faudra assujétir le règlement de la Dette de l'État, MM. les secrétaires ont communiqué à ce ministère les bases de l'enquête précitée, afin de leur donner la plus prompte et la plus grande publicité.

En conséquence, Sa Majesté a ordonné que, sans préjudice des autres mesures adoptées à la date d'aujourd'hui pour la mise à exécution de l'arrêté de la commission susdite, ces bases soient publiées dans la *Gazette de Madrid* de demain.

Madrid, le 27 avril 1876.

Le Ministre des Finances,
PEDRO SALAVERRIA.

CHAMBRE DES DÉPUTÉS

COMMISSION GÉNÉRALE DU BUDGET.

M. le Ministre des Finances, dans le mémoire qui accompagne le budget qu'il présenta à la Chambre des députés le 22 courant, démontre l'impossibilité notoire de payer en leur totalité les intérêts de la Dette publique ; et, pour ne pas laisser entièrement abandonné un *engagement* duquel dépend l'honneur national, il manifeste la nécessité, pour la convenance réciproque des créanciers et de l'Etat, d'adopter un moyen propre à concilier les intérêts de tous.

Etant donné le *montant* de la Dette publique qui s'élèvera à piècettes 10,359,833,644 capital nominal et à 354,669,658 d'intérêt annuel à raison de 3 et 6 °/₀ ; et considérant qu'il est indispensable, en dehors des exigences de la Dette du Trésor et des *engagements* inévitables dans les diverses branches de l'Administration, d'adopter un mode de conversion qui évite l'exigibilité à court délai de la Dette flottante, représentée par des traites et des pagarès du Trésor, d'un montant de 500 millions 829,994 piècettes auxquels sont affectés, en qualité de garanties réalisables par les créanciers, 349 millions de piècettes en bons du Trésor et 2,376 millions de piècettes en titres de Rente 3 °/₀ qu'il conviendrait de retirer pour les annuler, afin qu'à aucune époque cette énorme quantité de papier ne vienne peser sur le marché et surcharger indéfiniment les *impôts* publics, le Ministre des Finances *prouve* dans son rapport précité que tout en conservant les surcharges sur les impôts à cause de la guerre, en augmentant les contributions dans ses diverses formes, et en exigeant de ceux qui perçoivent des appointements et des pensions les plus grands sacrifices, il ne sera pas possible d'affecter aux intérêts annuels de la Dette publique, à partir du 1er janvier 1877, plus de 118,223,220 piècettes ; somme qui, à partir de 1879, serait augmentée annuellement de 25 millions de piècettes, affectées à l'amortissement de la Dette, et il propose, en conséquence, à l'approbation des Cortès, un projet de loi dont les divers articles concernant les créanciers de l'État, sont les suivants :

ARTICLE PREMIER. — D'accord préalable avec les créanciers de l'État, la Dette consolidée 3 %/o Extérieure et Intérieure, ainsi que les dettes amortissables 6 0/0, provenant de travaux publics et subventions de chemins de fer, rapporteront annuellement à partir du 1er janvier 1877, le tiers de leur intérêt respectif actuel. Avec le même accord préalable, le montant effectif des cinq coupons desdites Dettes des semestres du 1er juillet 1874 jusqu'au 31 décembre 1876, considéré comme Dette avec 6 %/o d'intérêt, rapportera également le tiers de son intérêt, soit 2 %/o par an, à partir du 1er janvier 1877.

ART. 2. — A partir du 1er juillet 1879, il sera destiné chaque année 25 millions de piècettes pour l'amortissement des capitaux des dettes mentionnées dans l'article antérieur, et cette somme sera augmentée successivement :

1° Du montant des intérêts des capitaux amortis ;

2° D'une part des annuités des dettes du Trésor au fur et à mesure que celles-ci seront éteintes ;

3° Des biens appartenant à l'État qui seront vendus dorénavent, le paiement desquels devra se faire en espèces ;

4° Des autres ressources qui pourront y être affectées ultérieurement.

Le fonds d'amortissement s'appliquera aux dettes mentionnées dans l'article 1er, en proportion de leurs capitaux respectifs et du taux d'intérêt qu'ils rapportent.

ART 3. — Sans préjudice de l'augmentation qui pourrait être faite avec anticipation à ce tiers d'intérêt, signalé pour le moment à la Dette de l'État d'après l'article 1er, il sera payé à partir du 1er juillet 1889, 1 1/2 o/o par an pour la Dette consolidée 3 %/o et 3 %/o pour les Dettes de 6 %/o.

Le paiement intégral de l'intérêt fixé lors de l'émission sera repris à partir du moment, où par suite d'amortissements, la somme des intérêts à payer annuellement sera réduite à 180 millions de piècettes. Dans ce cas, on déterminera la somme à prélever sur le fonds d'amortissement, afin de continuer l'extinction de la Dette.

ART. — 7. Un comité composé du Ministre des Finances, président ; du gouverneur de la Banque d'Espagne, d'un conseiller d'État, d'un ministre du Tribunal des Comptes, du directeur général de la Dette, du contrôleur général de l'Administration de l'État, d'un sénateur et d'un député appartenant à la commission inspectrice et législative de la Dette publique, aura soin que les fonds nécessaires au paiement de l'intérêt et de l'amortissement de la Dette soient constamment assurés pour l'accomplissement de ces engagements. Le même comité adoptera le mode d'amortissement le plus convenable, soit au moyen d'achats directs en Bourse par l'intervention d'un agent, soit au moyen d'enchères publiques.

Le même Comité sera également chargé de l'emploi des fonds provenant des ventes de biens nationaux qui se feront désormais, et de l'achat de la Dette 3 %/o, qui, d'après l'article 4, doit se faire pour compte et en faveur des corporations respectives.

Vu les considérations mentionnées et exposées par M. le Ministre des finances et les articles du projet de loi, la commission générale du budget, dans sa séance d'hier, a décidé d'ouvrir une enquête afin d'entendre les créanciers, dont elle maintiendra à l'avenir les droits dans leur intégrité, ainsi que l'honneur national le réclame, mais du bon sens pratique desquels il attend une transaction rendue nécessaire, pour le moment, par la situation financière du pays ; par conséquent, se trouvant dans l'impossibilité de les entendre individuellement, sinon par délégués nommés à cet effet par la majorité dans les principaux centres où ils résident, elle a décidé :

1° Que les créanciers nationaux de Rente perpétuelle 3°/₀ amortissable à 6 °/₀, et de coupons échus et non payés, devront, par un ou plusieurs délégués nommés préalablement en réunion publique, à Madrid, Barcelone, Bilbao, Cadix, Corogne, Santander et Valence, exposer soit par écrit, à la commission générale du budget, ou verbalement à la même, s'ils sont d'accord avec le projet de M. le Ministre des Finances, et, dans le cas négatif, quelle forme de transaction leur paraîtrait plus acceptable, en restant toutefois dans la mesure de ce qui est actuellement possible ;

2° Que dans la même forme et par délégués nommés à cet effet en réunion publique à Paris, Londres, Bruxelles, Amsterdam et Lisbonne, les créanciers étrangers déclarent leur conformité ou exposent le mode de transaction qu'ils croient être le plus acceptable ;

3° Que, et afin de se rendre dûment compte des rapports des délégués respectifs et pour que l'opinion de la majorité des créanciers puisse être prise en considération par la commission générale du budget et, en temps utile, par les Corps législatifs du royaume, il est indispensable que d'une manière faisant foi, il soit fait une déclaration du montant auquel s'élèvent les valeurs qui sont entre les mains de leurs commettants et une autre contestant la numération et les séries des titres, ou la numération, la date de la représentation et le montant des bordereaux de coupons, par devant la junte *(junta)* syndicale à Madrid et Barcelone, par devant les chambres des courtiers dans les autres provinces du royaume déjà citées, par devant les commissions des finances à Paris et à Londres, et par devant les consuls d'Espagne sur les autres places de l'étranger. Les délégués devront joindre à leur rapport ou produire devant la commission, lorsqu'ils seront entendus, les procès-verbaux des réunions publiques dans lesquelles ils auraient été nommés, certifiés conformes par les corporations ou fonctionnaires dont la possession a été avec mention du montant des valeurs constatée devant eux par les porteurs, afin de pouvoir assister aux susdites réunions publiques.

4° Que de la même manière la commission du budget appréciera les rapports qui lui seraient adressés par un ou plusieurs créanciers de n'importe quel point du pays et de l'étranger, pourvu, toutefois, qu'ils soient accompagnés de documents délivrés par les Chambres de commerce ou par les consuls de Sa Majesté, constatant le montant et la classe des valeurs appartenant aux signataires ;

5° Que le terme pour la réception des rapports et pour que les délégués nommés par les créanciers puissent justifier de leur droit à être entendus par la commission du budget, est fixé au 20 mai prochain.

Palais du Congrès, le 27 avril 1876.

Les Secrétaires de la Commission du Budget,

FRANCISCO SILVELA, GABRIEL-FERNANDEZ DE CADORNIGA.

Paris. — Imp. A. TURFIN ET AD. JUVET, rue Damiette et cour des Miracles, 9, près la place du Caire.

www.ingramcontent.com/pod-product-compliance
Ingram Content Group UK Ltd.
Pitfield, Milton Keynes, MK11 3LW, UK
UKHW012255240726
13966UKWH00004B/1435